①報告書写真

②報告書実測図

③デジタル高倍率写真

④３Ｄスキャナーによる三次元計測画像

0             10cm

口絵 1 　双龍環頭大刀（環頭部分）※ 1/2 倍大

口絵2　双龍環頭大刀（環頭部分）（口絵1の①を切り抜いて白背景にした写真）※1/2倍大

口絵3　双龍環頭大刀（環頭部分）（口絵1の③の環頭細部龍目部分）※2倍大

※写真はいずれも京丹後市教育委員会所蔵

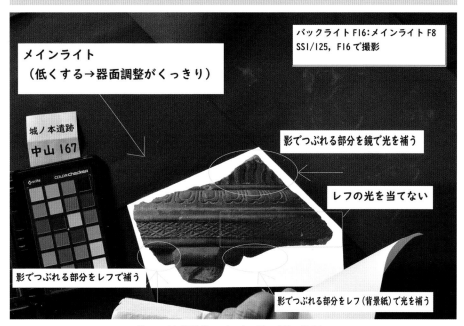

口絵4　俯瞰単体写真（瓦質風炉）撮影メモ

口絵5　横画面の立面集合写真（土師質土器）撮影メモ

※口絵4・5は中山愉希江さん作成（付論参照）

ss1/125
f20
**トップライトのみ**
**（斜め後方から）**

適正より絞って，
ピントを奥まで
合わせる（適正は f16）

**大きく撮る（余白を取り過ぎない）**

カラーチャートを
外したものを撮る。
※トリミング前提で撮影しない。

ピントこの辺

→ **鏡**

**縦カットのコツ**
　遺物の配置は，
　**細長く，奥行き**を持たせる。

上方から照射するので，トップライトの
みでハイライトが大きく出た。
（俯瞰ではハイライトが小さくアルミホイルで光
を補う必要があった）

口絵6　縦画面の立面集合写真（城館遺跡出土遺物）撮影メモ

※口絵6は中山愉希江さん作成（付論参照）

考古調査ハンドブック 23

# 埋蔵文化財と写真技術

栗 山 雅 夫

（独立行政法人国立文化財機構
奈良文化財研究所　専門職員）

ニューサイエンス社

# はじめに

　考古学は蓄積型の学問である。

　芸術には1人の天才が求められ，凡才は無用である。これに対して考古学は，たとえ凡才であっても地道に成果を積み重ねて，それが引き継がれることにより大きな成果へと昇華する可能性を持っている。職場の先輩がそのようなことを口にされていたのが，今も印象に残っている。

　考古学とそこから派生する埋蔵文化財保護行政は，発掘調査を記録保存調査と言い換えているように，「記録」を蓄積していくことが重要である。それも良質な記録を，適切に，効率よく積み重ねることが必要だ。玉石混交に過ぎれば蓄積した内容を精査する手間が，記録総量の増加とともに指数関数的に増えることになる。記録の構成要素を「文章」「図面」「写真」に置く考古学の世界には，デジタル化を契機として記録の方法や調査の本質を問い直し，原点に立ち返るような議論を必要とする時期が訪れている気がする。

　ところで，現代の系譜に連なるカメラが登場して，200年近い時間が積み重ねられてきた。この間世界は大きく変貌を遂げたが，我が国においてもそれは同様である。江戸・明治・大正・昭和・平成・令和は，近世から近代そして現代への変化である。カメラを用いて生成される写真は，その発明以来，平成のある時期までは銀塩写真という範疇の中で様々な技術改良が加えられ，進化してきた。しかし20世紀と21世紀の狭間あたりにデジタルカメラが登場し，写真は大きな転換点を迎えた。技術的な観点からいえば，近代から現代に転換したと評価できるだろう。しかし急速な変化は同時に困惑も生じさせ，写真の意味や役割を根源的に問い直す試みが広範な分野で行われるようになった。もちろんそうした試みは，“記録写真”の役割が与えられている埋蔵文化財写真でも発生している。

　本書では，まず近代日本で萌芽した日本考古学が，写真に対してどのような距離感を持ち，調査研究の中で位置づけられてきたのか確認する。その際，社会史や産業史の視点も取り入れ，考古学において写真が果たす役割の変化を確認してみたい。

　次に，埋蔵文化財と写真技術の関係について，デジタル技術の導入に伴う少々の混乱と移行の実態を踏まえながら，現状と課題にふれてみる。さらにそこから埋蔵文化財の撮影の実際について，基本的な考え方や技術的な方法

論とコツを紹介する。そしてデジタル化を取り込んだ上で，さらにその先に進んでいく写真技術の有用性を，具体的事例とともに示す。最後に，デジタル化がもたらす考古学と写真の相関関係を読み解き，これから両者が歩む道のりがどのようなものになるか，展望を述べてみたい。また，付論として直接顔を合わすことなくメールでのやりとりを通して，遺物撮影の目的や方法を伝え，その底上げを図るという実験的な試みの成果を紹介する。

　以上の構成要素で本書を書き進めることとしたが，読者もお察しのとおり埋蔵文化財の裾野はかなり広い。応用力と柔軟性が，埋蔵文化財写真技術上達の要であることを記しておきたい。

2023 年 9 月

栗 山 雅 夫

# 目　次

# Ⅰ. 写真の歴史からみた考古学写真

## ① 日本に到来した写真技術

　フランスのダゲールやニエプスやバヤール，イギリスのタルボットらは，産業革命の大きな流れの中で写真技術の研究開発に取り組んだ。中でもフランス人画家であるダゲールは「ダゲレオタイプ」と呼ばれる銀板写真法を確立させ，1839 年フランス学士院科学アカデミーで公に発表した。世界初の写真発明者という括りでは錯綜することもあるが，一般的には，ダゲールが実用的な写真技術を公開した 1839 年という年が写真発明年として紹介されることが多い。ちなみに同年は江戸時代後期の天保 10 年にあたり，十二代将軍徳川家慶の頃である。

　写真技術が日本にもたらされたのは幕末の頃とされるが，この頃の写真にまつわる動きを整理しておきたい。前述したダゲレオタイプの写真はアメリカで普及し，1853 年（嘉永 6）のペリー艦隊来航時にも写真師エリファレット・ブラウン・ジュニアが随行し日本各地を撮影している。この時撮影された写真のうち，人物を撮影した 5 点については「外国人が日本国内で日本人を撮影した現在確認される現存最古の写真の一枚であり，幕末開港交渉というわが国の歴史上に重要な事象を跡づける遺品」であるとして，2006 年（平成 18）に重要文化財の指定を受けている。

　また，長崎では上野彦馬の父俊之丞が，ダゲレオタイプ一式をオランダから輸入し，薩摩藩に献上している。薩摩藩の蘭学者である市来四郎らは，1857 年（安政 4）にこのカメラを使って島津斉彬の肖像写真を撮影した。この写真が「銀板写真（島津斉彬像）」と呼ばれるもので，「日本人の手によって撮影に成功したことが確認される唯一の現存例である。わが国写真史上，価値が高いだけでなく，幕末における開明的大名による西洋科学技術の摂取の一端を示す資料としても，意義が深い」とされ，1999 年（平成 11）に重要文化財の指定を受けている。なお，この指定は，写真が重要文化財になった初例という点で大きな意味を持つ。

　この後，上野彦馬や下岡蓮杖といった日本写真史に大きな足跡を残す人々によって，各地に営業写真館が開業され，坂本龍馬の写真に代表される肖像写真が流行する。それと同時に，来日した外国人写真師により日本各地の名所や風俗が撮影された。これらの写真は，「横浜写真」と呼ばれた外国人観

光客向けの写真集に姿を変え，人気を博した。

　幕末を経て明治を迎えると，写真は新たな役割を担った。下岡蓮杖に写真を学んだ横山松三郎は，蜷川式胤の依頼を受け1871年（明治4）に江戸城を撮影している。翌年には壬申調査と呼ばれる近代日本初の文化財調査が実施されることになり，調査に同行して古社寺の建造物や器物を撮影している。これらの写真は，「旧江戸城写真帳（六十四枚）」「旧江戸城写真ガラス原板」「壬申検査関係写真」「壬申検査関係ステレオ写真ガラス乾板」として重要文化財の指定を受けている。さらに，1888年（明治21）には，宮内省・内務省・文部省による近畿宝物調査が行われ，後に帝室技芸員に認定される小川一真によって撮影が行われている。一連の調査に伴う写真は，記録性に軸足を置く文化財写真の源流に位置づけられるものとして評価できる。鎖国していた当時の日本に最新の科学技術といえる写真技術が到来し，瞬く間に吸収してしまった。そして，この写真技術に「記録」の可能性を見いだして文化財の調査に用いる柔軟性を，近世から近代への転換期を生きた日本人が持ち合わせていたことに改めて驚かされる。

## ② 近代日本考古学の写真観

　1877年(明治10)，エドワード・S・モースによる大森貝塚の発掘調査をもって日本の考古学はその扉を開く。ところが，2年後に刊行された報告書には，土器の写生図は掲載されているものの写真図版は掲載されていない。日本考古学黎明期の報告書における写真と実測図の出現状況を整理した深澤芳樹によれば，土器を表現する方法として，実測図・写真図版・拓本を用いたのは，1918年（大正7）に京都帝国大学文科大学考古学研究報告第2冊として刊行された『河内国府石器時代遺跡発掘報告』であるとし，以降の報告書の基本的な体裁となったことを指摘している（深澤1995）。この報告書は，日本考古学の父と形容される濱田耕作であるが，氏の記した著作物『通論考古学』（濱田1922）では，写真の有用性に言及しており，考古学における写真の位置づけを考える原点として重要な記述を多く含んでいる。濱田自身も序文で触れているが，金関恕によれば，同書はフリンダース・ペトリーが1904年に記した『考古学の方法と目的』の強い影響を受け書かれたものであることを指摘している。そして，写真に関する項目については，「ペトリーの記述に比べると遥かに簡単である」と述べている（金関1992）。とはいうものの，その内容は濃密であり，現在の状況と対比させると考えさせられる部分も多い。井本昭は，「濱田耕作著『通論考古学』に見る写真図版の位置づけ」（井本2000）において主要部を転載しながら解説し，「一読して，目から鱗が落ちる思いであった」と感想を述べている。かくいう筆者も，「考古資料写真序論」（栗山2012）において触れたことがあるので，『通論考古学』で濱田が披瀝した論旨を記しておきたい。

　考古学の調査の方法は，「写真，図写，模造等による器械的方法」と「文書による記録的方法」の二つによって行われる。そして，調査の記録については，「空間的外延を有する物質的資料を研究の対象とするを以て，是は時間的経過を記述するに適当なる言語文字のみによりて到底完全に記録すること能わず。写真，図画等同じく空間的外延を有するものによりてのみこれを期し得可きなり。」と記し，考古学の調査対象が有する「空間的外延」と同じ次元で対峙できる写真・図画の優位性を説いている。さらに注釈では，「考古学の調査に於いて文書による記録を主とし，其の足らざる所を写真図画等

の器械的方法を使用せんとするは第一の誤謬なり。」と戒めている。その上で「宜しく写真，図画等の及ばざる所を文字を以て補足するの態度を取る可きなり。」と述べ，再び写真・図画の優位性を説いている。そして写真・図画に重きをおく姿勢は，「舊き考古學」と「新しき考古學」を区別する指標となることを述べている。さらに，写真について「器械に據る複製的記録中最も重要」と位置づけている。

こうした写真に対する黎明期の日本考古学の期待は，前述した文化財調査の記録手段として，写真がひと足早く用いられていることとも無縁ではないと思われる。ところで，濱田以外の同時期の考古学者は，どのように考えていたのだろうか。『通論考古学』に先立つ考古学入門書である高橋健自の『考古学』（高橋1913）では，「附録」の「考古學研究法大要」の中で考古学的な調査の一手段として写真に触れている。同書によれば，「その記載は文字によっても或程度までは出来るが，自然図を取って置く必要がある。そこで出来るならば写真を撮って置く。（中略）写真でも表し難いところもあるから，写真は無論必要だが，スケッチだけは如何してもして置かなければならない。」と記している。濱田の力説具合と比べると，図はさておき写真に関しては距離を感じさせる雰囲気である。

1927年（昭和2）に刊行された後藤守一による『日本考古学』では，「第四篇考古學研究法　第二章調査」の「複製」の項目中で「拓本」に先行して「写真」に2頁を割いている（後藤1927）。そこには，「考古学の研究に従うとするならば，先ず此の写真の技について十分の素養をもつがよい。」と述べ，撮影に関する具体的な方法と合わせてコンパクトに記されている。しかし，項目や内容は『通論考古学』を踏襲したものであり，写真を図版化する際に必要な製版や印刷に関する記述を省略している。

どうも濱田一人が気を吐いているような印象を抱いてしまいがちであるが，実際のところはどうだったのだろう。人類学者であり，考古学や民俗学にも精通していた鳥居龍蔵は「蒙古（考古学とカメラ）」において，1935年（昭和10）当時の考古学者とカメラとの関係性を記しているので紹介しておきたい（鳥居1935）。まず，鳥居の恩師である坪井正五郎は，スケッチに長けており，坪井自らが撮影に用いたカメラはないこと。学術上のもの普通のものも全てスケッチによる描写で済ましていたことを明らかにしている。こ

うした傾向は，他の人類学者も同様であり，スケッチが上手であったから写真の必要性は無かったと述べている。

　では，考古学者はどうかといえば，先に触れた高橋健自は「万事スケッチで行くやり方で，博士は，いやしくも考古学者たるものは，スケッチが出来ねば不都合であるとて，当時同館（※東京帝室博物館，筆者註）の和田千吉氏らと共に長原画伯について盛んに洋画を学ばれたくらいで，高橋博士及びそのグループの人々もまたスケッチ家で，撮影はあまり自らせられなかった。」としている。この記述を読むと，前述した高橋の考古学調査と写真との距離感について，なるほどと合点がゆく。

　この高橋の恩師にあたる三宅米吉についても鳥居は触れており，「博士は考古学の大家であるが，自ら撮影せられたことはない。もっとも博士は描写も不得手で，描画を見たことはない。」ことを明らかにしている。解剖学者であり人類学者であった小金井良精も同様とし，「これらの大家はスケッチなり写真が必要であれば，その専門家にやらす」方法をとっていた。さらに，「スケッチのみでやる人が今日もある。」として柴田常恵，関保之助，大場磐雄，森本六爾，八幡一郎といった日本考古学の黎明期に輝くそうそうたるメンバーの名を挙げている。また，濱田耕作とその弟子にあたる梅原末治についても「元来スケッチのうまい人」と評している。その上で，「考古学者達がカメラの必要性を感じて来たのは極めて新しく，それまで（否，今日でもなお）多くはスケッチでやって来た」と記している。

　濱田が『通論考古学』を刊行した13年後でも，考古学者の多くはスケッチのみでやっていたとする鳥居の指摘は興味深い。この視点に立てば，濱田が写真の重要性を説いたのは当時の周囲の状況を説明したものではなく，一種理想的な考古学研究の姿として訴えていたことになる。あるいは，「高橋博士及びそのグループの人々」と一線を画す目的もあったのかもしれない。さらに，考古学者が写真の必要性を感じた契機として，「写真網目版」の印刷技術が広まり始めたことを要因として挙げており，世の中の変化を俯瞰して捉える人類学者としての分析力を感じさせられる。

　鳥居が写真に関わる学者の動向をこれほどまでに観察していた理由は，彼自身が考古学者達に先駆けて，調査に写真機を持ち込んだからであったと思われる。1896年(明治29)の東京帝国大学による台湾調査に出向くことになっ

た鳥居は、「台湾及び生蕃についての知識がない」ため書籍を読んで準備を進めたものの写真撮影について困ったと記している。結果的には台湾調査を通して「わが国において、カメラを斯学に試用し始めたのは実に私であったのである。さようの如くであるから、私以前には斯学に写真を用いた人はなかった」という自負を持つに至ることになるが、後に彼自身が「自叙伝」としてまとめた『ある老学徒の手記』「臺灣調査時代（同二十九年）」の項にその時の様子が記されている。そこでは写真撮影に対する当時の学界の様子が、端的に記されているので紹介しておく。

「当時、人類学者や考古学者などは、写真をうつす者はなく、いづれもスケッチをよくし、これですましたものである。然るに私はこれから台湾に渡行し、生蕃を調査するのであるから、スケッチのみでは不可能であり、是非とも写真を用いねばならぬ。けれども私は写真撮影のことが出来ない。そこで大学に写真機を買ってもらい、速成でこれを習学し、不完全ながら写真機を携え台湾へ行くこととなった。斯学に自ら写真を応用したのは私がはじめてである。これまでは写真の必要な時は、人類学のみならず、他学科においても、等しく写真屋を呼んで撮影せしめたものである。」（鳥居 1953）

その後も現地調査に精力的に写真機を持ち込んだ鳥居は、経験に裏打ちされた調査記録写真に関する想いを述べている。以下に紹介しておきたい。

「人類学・考古学はカメラと離れることは出来ない。もとよりスケッチも必要であるが、殊にカメラはそれ以上に必要である。（中略）カメラは決して贅沢品ではない。一般の人々の衣食住に次いで必要なものである。いわんや学者においてはこれがなければ何ら仕事することはできない。（中略）カメラは実に学術上は勿論、過去から現在を通じ将来に残す一種の記念であるといってよい。」

## ③ 重要文化財となる文化財写真

　1999年（平成11）に「銀板写真（島津斉彬像）」が，歴史資料として重要文化財指定を受けた。この指定は，文化財写真史からも重要な転機である。指定自体は，近代文化遺産に対する保存活用を図る機運が醸成したことによるもので，1994年（平成6）に設置された「近代の文化遺産の保存・活用に関する調査協力者会議」の報告を受け，歴史資料の分野に「科学技術」が加わったこと。そして，1997年（平成9）以降に行われた各分野の近代文化遺産に関する調査に基づくものとされている（松本2006）。

　蛇足であるが，1999年（平成11）という年は，カメラ映像機器工業会（CIPA）のカメラ出荷台数統計にデジタルカメラが登場した年でもあった。偶然なのか必然なのか，銀塩写真の存立基盤を根底から揺さぶるデジタルカメラが本格的に登場した一方で，黎明期の銀塩写真資料群が文化財として保護対象となったのである。銀塩写真の行く末を暗示するかのような出来事がこの年に起こっていたのである。

　さて，写真が文化財に指定されるに至る経緯や指定物件の内容を紹介した文化庁の川瀬由照と松本純子によれば，1999年（平成11）11月に開催された「写真資料の保存と活用に関する懇談会」において，約40件の写真資料について保存・活用の措置を講じる対象として選定され，この検討や報告を踏まえて指定を推進していることが明らかにされている（川瀬2006：松本2006）。実際，銀板写真（島津斉彬像）指定以降も「旧江戸城写真帳」「壬申検査関係写真」など幕末から明治初期に至る写真資料が，2002年（平成14）を除いて，2006年（平成18）に至るまで連続して指定されている。その後，2013年（平成25）には江川家関係写真，2015年（平成27）には法隆寺金堂壁画写真が指定され，現在までに指定件数の総数は14件を数える。

　これらの写真資料群は，幕末から明治前期における日本の写真黎明期にあたるものが中心で，かつ近代西洋科学技術の受容と定着の一端を伝える資料と評価される。また，宝物や彫刻，城郭建築や当時の人物が被写体になっているとともに，撮影者自体もペリー艦隊の従軍写真師や我が国の写真黎明期を担った写真師が名を連ねている。撮られた時期，撮った技術，撮られる内容，撮った人々，あらゆる面で歴史を感じさせるもので，まさに歴史資料の

名に相応しい。とりわけ壬申検査に伴う写真は，現在に連なる文化財調査の先駆けにあたるものであり，そうした写真資料が関係者の連携によって今日まで受け継がれていることに，文化財写真の本領を見る思いがする。

　当該期の写真史については，本稿の目的と異なるので詳述しないが，明治から現在に至る文化財写真の流れを概観し，その内容を考える上で下記の3冊が参考になるので紹介しておく。

1. 『写された国宝』岡塚章子，東京都写真美術館，2000年
2. 『月刊文化財（特集　写真と文化財）』517，文化庁文化財部監修，第一法規株式会社，2006年
3. 『重要文化財 法隆寺金堂壁画写真ガラス乾板 —文化財写真の軌跡—』奈良国立博物館，2019年

1は，文化財保護法制定50周年を記念して開催された展覧会に伴うものである。同書の中では写真自体の重要文化財指定について触れられていないが，前年に島津斉彬像写真の指定が行われており，展観にあたって少なからず影響もあったものと思われる。

　2は，毎年のように増加した写真資料の重要文化財指定が，ひと息ついた2006年（平成18）にまとめられたものである。同書では写真資料の指定に関する背景や意図が記されるとともに，写真技師も執筆者に名を連ねており文化財写真の現場の声を届けている。

　3は，写真資料の重要文化財指定としては最も新しい法隆寺金堂壁画の写真ガラス原板を中心に紹介した展示図録である。それまでの指定品とは大きく時期がくだり，1935年（昭和10）に撮影された写真原板であるが，周知のとおり1949年（昭和24）に金堂壁画は焼損したため往時の姿を記録した唯一無二の資料といえる。同書では文化財写真の歴史と重要文化財指定の意義が丁寧にまとめられている。

　また，学術研究の分野では以下の二つの動きに注目したい。一つは日本写真学会の活動で，2004年（平成16）に『写真と文化財の関わり』のタイトルで合本した会誌特集を刊行している（日本写真学会2004）。編集に携わった瀬岡良雄によれば，「写真と文化財」と題する特集は2001年に突然持ち上がった企画で，その背景として写真の重要文化財指定，バーミヤン石窟の破壊により写真だけが往時を知る資料となったことを挙げている。この企画は

「非常にタイムリーなテーマ」であったことから好評を博したそうだ。写真に関わる幅広い分野の取り組みについて，文化財を切り口として合本されているので，関心がある事項に見当を付ける際に便利である。

　文化財保護の観点と絡めて関連があるのは，山内利秋による「画像資料と近代アカデミズム・文化財保護制度」（山内 2002）という論考である。要旨は以下のとおりである。

　**近代文化財保護制度の確立当初から，写真技術は重要なメディアとして機能してきた。写真は視覚的概念としての「文化財」を構築し，これから考古学をはじめとする歴史系研究領域に多大な影響を与えた。**

　この論考では，近代から現代に至る文化財保護と写真の関わりについて，主に考古学・人類学における写真資料を中心にその動向が，表1とともに

**表1　文化遺産と写真の動向**（山内利秋 2002 作成）

| 西暦 | 年号 | 文化財に関わる研究や行政上の動き | 画像資料に関わる動き・出版物 |
|---|---|---|---|
| 1864 | 文久4/元治2 | | F.ベアト、C.ワーグマンとともに「ベアト・アンド・ワーグマン商会」を設立。 |
| 1866 | 慶應2 | | 冨重利平が柳川に写真館を開業、後に熊本市内に移す。 |
| 1868 | 慶應4-明治元 | 王政復古 | |
| 1871 | 明治4 | 太政官布告「古器旧物保存方」布告 | 蜷川式胤が横山松三郎・高橋由一を連れ、江戸城を記録保存。のちに『観古図説 城郭編一』『旧江戸城写真帖』としてまとめる。 |
| 1872 | 明治5 | 町田久成・内田正雄・蜷川らによる古社寺調査(壬申検査)、正倉院開封。ウィリアム・ゴーランド来日。 | 横山松三郎(写真撮影)、高橋由一(スケッチ)が参加 |
| 1875 | 明治8 | | シーボルト"Japanese Archaeology with Especial Reffrence to The Stone Age" |
| 1877 | 明治10 | 西南戦争。エドワード・モース東京大学へ赴任の際、車中より大森貝塚を発見。第1回内国勧業博覧会(8～11月) | 上野彦馬・冨重利平らが西南戦争に従軍し、戦地を撮影。 |
| 1879 | 明治12 | | モース『大森貝塚編』 |
| 1882 | 明治15 | | 福沢諭吉『帝室論』 |
| 1884 | 明治17 | 東京人類学会の前身、「じんるいがくのとも」設立 | |
| 1888 | 明治21 | 臨時全国宝物取調局の設置。 | |
| 1889 | 明治22 | | フェノロサ・岡倉天心らが小川一眞写真製版所より『國華』を刊行 |
| 1892 | 明治25 | 鳥居『東洋学芸雑誌』に論文「四天王紋錦に比較研究すべき物あり」を発表。 | 大野延太郎が東京帝大坪井のもとへ配属 |
| 1896 | 明治29 | 三宅米吉らによって考古学会の雑誌『考古学会雑誌』が創刊。 | |
| 1897 | 明治30 | 古社寺保存法公布 | |
| 1899 | 明治32 | 史学会『史学雑誌』刊行。 | |
| 1900 | 明治33 | 帝室博物館官制が施行。この年パリ万博 | 岡倉・九鬼ら"Histoire de l'Art du Japon" |
| 1912 | 明治45-大正元 | | この頃から『考古学雑誌』上で実測図・写真の重要性が高まる。 |
| 1913 | 大正2 | 宗教行政事務が内務省から文部省へ移管 | |
| 1917 | 大正6 | | 京都帝大『京都帝国大学文学部考古学研究室調査報告』の刊行はじまる。 |
| 1919 | 大正8 | 史跡名勝天然記念物保存法が公布(内務省)。担当者に柴田常恵。 | 柴田、文化財調査記録写真を多数撮影する。 |
| 1928 | 昭和3 | 国宝保存法制定。 | |
| 1947 | 昭和22 | 皇室令及び附属法令の廃止 | |
| 1950 | 昭和25 | 文化財保護法の公布 | |
| 1958 | 昭和33 | 首里城関連施設の復原はじまる。同じ頃、各地で文化財建造物の復原・修復活動が一部開始される。 | 建造物の修理作業にかつて記録されていた写真資料が重要な資料として活用される。 |
| 1963 | 昭和38 | | 文化財保護委員会『戦災等による焼失文化財』刊行(昭和38・40年)。 |
| 1990 | 平成2 | | 埋蔵写真研究会、雑誌『埋文写真研究』を刊行。 |
| 1991 | 平成3 | | 東京大学総合研究資料館にて鳥居龍蔵のフィールドワーク写真が展示される。 |

整理されている。特筆すべき指摘はいくつかあるが、古写真と呼ぶ画像資料について「その殆どは制度上の**文化財**（cultural property）ではない（中略）むしろ、未だ指定をうけていないものの、文化財と同等の価値を有する資料には**文化遺産**（cultural heritage）という包括的な概念の中で括る方が正しい」（註：太字は筆者）として、前提となる定義付けにまで踏み込んでいる点は注目してよい。そこでは明治30年代に考古学や歴史学、地理学といった学会誌に写真が掲載されはじめる背景として、1987年（明治30）公布の古社寺保存法に着目し、1888年（明治21）～1897年（明治30）に実施された社寺宝物調査により文化財保護行政の基本姿勢が整備された結果と読み解いている。

　一方で、埋蔵文化財の調査記録を例示し「調査に関わる図面等記録類が劣悪な環境に置かれる事が多く」保存への配慮が希薄であることを指摘し、「遺跡というオリジナルの文化遺産が消滅してしまっている限り、後に残されているのはこの遺跡に関わる情報でしかない」と記録・保存に対する足元の危うい状況を憂慮している。その上で、「調査・保存を中心とした従来の政策からこれらの資料をいかに活用していくべきか、という政策の転換期に来ている」と問題提起している。この論考が発表されてから21年経ち、保存と活用に対する取り組みは進んでいるが、記録類の保存環境自体はさほど変化していないように感じるのは気のせいだろうか。

　もう一つ注目したいのは、國學院大學日本文化研究所によるプロジェクトである。この事業では、神道考古学で有名な大場磐雄博士写真資料や、近代の文化財保護行政の中枢を担った柴田常恵写真資料等のデジタル化を含む画像資料論を総合的に展開し、「國學院大學学術フロンティア事業」として実施している。1999年度（平成11）～2003年度（平成15）の成果は、『劣化画像の再生活用と資料化に関する基礎的研究』とする成果報告書やフォーラム・シンポジウムの内容を加えた研究報告『人文科学と画像資料研究』にまとめられている（ともに國學院大學2004）。

　考古学史に名を刻む大場・柴田両先生の画像資料を一括して保存・資料化する試みは、埋蔵文化財写真の記録と保存を考える上でも有益である。民俗分野も研究対象となっており、研究者の顔ぶれも多彩である。資料化の過程も明らかにされているので、参考になる点は多い。デジタル化を含む現代的

な再整理によって考古学に関わる写真を資料として記録し，保存の対象となるのは歓迎したい。

　では，1999年（平成11）に写真が実体として文化財になったことを踏まえると，どのような姿が見えてくるのか，整理しておきたい。

　松本は，重要文化財に指定された写真資料を二つの要素に分類して整理してみせる。一つは，ダゲレオタイプであることに着目し「世界的にみても写真技術の黎明を飾る技術による資料」「わが国の写真史の幕開けを象徴」「被写体となった人物や撮影の経緯自体がわが国の写真技術をはじめとする新技術導入の特徴を示す」（松本2006）という具合に，科学技術的な側面に歴史性を絡めた観点を見いだす。もう一つは，「写真を重要な記録媒体ととらえ文化財の調査に用いられた」側面を評価するもので「文化財を記録してきた写真は，そのものが文化財として位置づけられる」と記している。

　川瀬は，上述の「写真史上の価値を有するものと，文化財調査ないし記録に関わるもの」という大別からさらに踏み込み，文化財としての性質を有する写真として，以下の5項目を挙げている。写真によって記録し，保存する意義や根拠について，基礎となる考え方にもなるので紹介しておく（川瀬2006）。

①写真史上の価値あるもの

　幕末から明治初期にかけて，函館や長崎，横浜などを中心に活躍した写真師の仕事を中心に，第二次世界大戦以前の地方写真館の写真師の仕事を含む一括資料。原版の存在が望ましい。

②近現代史の史料となりうるもの

　いわゆる報道写真などがこの分野に入るが，撮影者，撮影地，撮影時期がわかり，撮影記録，オリジナル原版を伴うという要件が必須となる。濃尾地震や関東大震災などの災害に関わるもの，戦災・戦争に関わる記録，都市や地方の景観，風俗等を撮影したものなどが含まれようか。

③図書・資料集などの編纂目的で撮影されたもの

　社寺の文化財を編纂する目的で撮影されたもの，あるいは特別の編纂意図をもって撮影されたものなどや，地方史誌編纂目的で収集・撮影された写真もここに入るだろう。

④消失文化財を撮影したもの

　戦災やその他の災害で失われた文化財を撮影したもの，また修理前の文化財を撮影したものもここに入れるべきか。

⑤異民族・異文化を撮影したもの

　アイヌや琉球をはじめ，旧植民地だった台湾や朝鮮，南洋諸島などの人びとの文化や風俗などを撮影したものがある。これには撮影者，撮影日時，撮影地，撮影記録，オリジナル原版があるものという要件が必要となる。

　これを読むと，広い意味で文化財写真を想定するならば，全項目が何らかの関わりを持つ印象を受けるのではないだろうか。そして，現状で我々が撮影する機会があるのは，②③④となろう。さらに，埋蔵文化財の写真を念頭に置いた場合は，報告書等の作成に伴うものとして③，発掘調査に伴う遺跡写真として④が当てはまる。記録保存写真として，狭義の文化財写真をイメージするなら，③のみとなろうか。ともかく，文化財保護や調査研究業務として関わる写真が「文化財としての写真」であることを理解していただけるのではないだろうか。

　ところで，①②④でオリジナル原版の存在が要件となっていることに注意が必要である。文化財分野における銀塩写真の中核的な存在価値の一つは，写真自体が物質として目に見える「human-readable recoord」という性質にあることは，これまでも繰り返し述べられてきた（井本ほか 2006）。しかし，デジタル画像を可視化するにはプリントが必要である。RAW形式やJPEG形式などファイルフォーマットの問題も絡まり，どれをオリジナル原版と呼ぶのか。そもそもオリジナル原版という概念を当てはめること自体，妥当なのか。文化財写真の本質に鑑みて，立ち止まって考えてみる必要がある。

　記録としての写真，文化財としての写真を考えると，真正性を担保するオリジナル画像の中身について議論すべき時期が訪れているといえよう。なぜなら，原版にあたるか否かが保存していくべきものか，そうでないものかの，判断を下す基準と強く結びつくためだ。そのためには，画像の加工や改変，修正や調整について意思統一を図る必要があるわけだが，それぞれにグレーゾーンがあり，写真個々の条件も加わるため，容易ではない。銀塩写真に立ち戻り，それと比較しながら加工の要否を判断することも一つの方法であろう。しかし，画像形成要因一つとっても，かたや銀粒子，かたや電気信号と根源的に異なっている。両者に厳密な対応関係を求めるには，限界があるこ

とも予測される。

　文化財写真にとって，記録と保存は車の両輪である。避けることが出来な
いデジタルシフトの道を進んでいくため，適切なエンジン（撮像センサー）
を積んだ車（カメラ）を手に入れ，一定の知識と技能を持つドライバー（撮
影者）が必要である。

## ④ 写真産業の盛衰

　写真技術はヨーロッパで生まれたが，現在では日本がその牽引役となっている。ニコン，キヤノンといった老舗カメラメーカーや富士フイルム，それからデジタルカメラで急成長を遂げたソニーも含めて，幕末に日本に到来した写真がいかに日本に定着したかを物語る証左といえる。1848年から2013年に至る日本の写真史を概観した鳥原学によれば，これまでの日本写真史上の節目は下記の五つの画期に分かれるとされる（鳥原2013a）。

　①開国に伴う写真の受容と普及
　②第一次世界大戦後の新興写真運動が広げた印刷メディアにおける活用
　③1950年代のリアリズム写真運動を中心としたドキュメンタリーの展開
　④1990年前後の写真表現の現代美術化
　⑤1990年代後半に始まる情報技術の発達と写真機材のデジタル化
である。

　考古学のなかの写真という枠組みからは，一見こうした動きと無関係と思われがちだが，写真が産業として成立した時点で，常にその影響下にあったことは否定できない。例えば前節で考古学者がカメラの必要性を感じた契機として，「写真網目版」の広がりを挙げていることを紹介したが，これは②の画期と関連する。当時は，写真雑誌やカメラ雑誌が相次いで創刊され，写真図版を用いた印刷物が世に出回るようになるなど，写真が写真師のもとを離れて一般庶民に身近なものとなった時期にあたる。当然，考古学者も写真と日常的に接するようになり，技術的なハードルも低くなったことを見て取れる。

　時代が下って，高度成長期に始まる開発行為の急増は埋蔵文化財の発掘調査を誘因し，日本各地で考古学的な調査が行われるようになった。発掘調査の増加は写真撮影の機会を少なからず増加させ，成果をまとめた報告書が各地で刊行された。右肩上がりの経済成長はバブル経済の崩壊に伴う経済の後退期まで続くが，この間にカラー写真を多用するビジュアル雑誌が世に溢れ，写真産業もその恩恵も受けて隆盛を誇った。図1・図2は，写真産業とも密接に関連する出版物の推定販売金額と書籍の推定販売部数をグラフにしたものである。

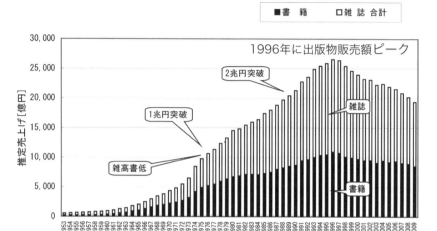

**図1**　出版物の推定販売金額（出版科学研究所）（「出版産業の現状」（下村昭夫 2011）を一部改変）

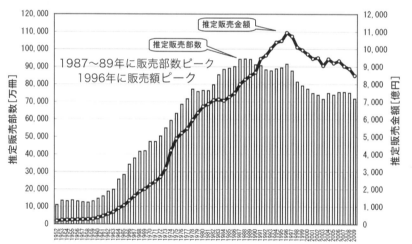

**図2**　書籍の推定販売部数（出版科学研究所）（「出版産業の現状」（下村昭夫 2011）を一部改変）

　この図からは，出版印刷物の総体が高度経済成長期以降右肩上がりに推移する様子が読み取れ，1996 年（平成 8）になると販売額がピークを迎えたことがわかる。一般の写真感光材料の出荷が同年まで上昇を続けたこと（井本ほか 2006）も考慮すれば，両者に相関関係があることを推測できる。図3 は，埋蔵文化財の緊急発掘調査費用の年度別の推移を示したグラフである。この

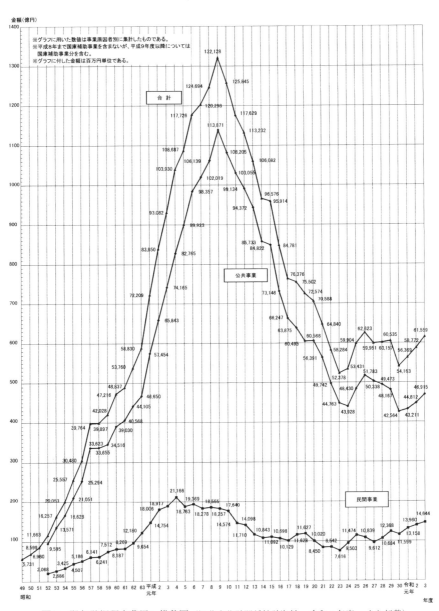

金額(億円)

※グラフに用いた数値は事業原因者別に集計したものである。
※平成8年まで国庫補助事業を含まないが、平成9年度以降については
　国庫補助事業分を含む。
※グラフに付した金額は百万円単位である。

合 計

公共事業

民間事業

**図3** 緊急発掘調査費用の推移図（埋蔵文化財関係統計資料―令和4年度―より転載）

　図からは，開発行為に伴う発掘調査が，1997年（平成9）前後にピークに到
達していたことを読み取れる。これらは偶然の一致ではなく，考古学調査と
同義となった埋蔵文化財調査が，世の中の経済動向とリンクしていることを
示しているのである。鳥居が指摘した印刷技術と考古学者のカメラ利用の関
連性は，写真産業の拡大とも絡み合って，発掘調査にも投影されていること
が指摘できる。

　ところが，1995年（平成7）に汎用型のデジタルカメラがカシオから発売
され，さらに同年ウインドウズ95が市場に並ぶと事情が一変する。当初は
緩やかに思えたデジタル化の流れは，IT革命という掛け声でインターネッ
トやそれに付随する各種情報端末の登場と記録媒体の大容量化が一挙に進行
したことで，時代は一挙にデジタル化へ流れ込んだ。その変革の波は出版物
や雑誌の発行部数減少に及んだが，鳥原の指摘によれば，広告写真業界も大
きな影響を受け，1996年（平成8）に初めて電通が統計をとったインターネッ
ト広告は，2003年（平成15）には1000億円を突破し，2012年（平成24）
には8680億円に達している（鳥原2013b）。

　幕末以来の長きにわたり銀塩を中心に成り立っていた写真産業は，デジタ
ルカメラの登場を受けたことで激動の時代を迎えた。図4は，1951年（昭

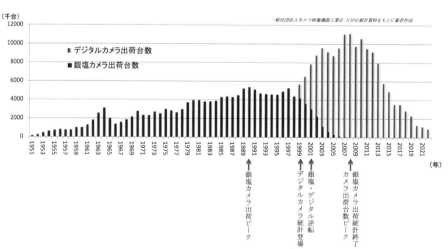

**図4　日本国内のカメラ出荷台数経年変化**
（カメラ映像機器工業会（CIPA）統計をもとに筆者作成）

和26）〜 2022 年（令和 4）の日本国内のカメラ出荷台数を示したもので，銀塩—デジタル間の激動期の実態を窺い知ることができる。グラフでは銀塩カメラの出荷が，1990 年（平成 2）にピークを迎え，第二のピークは 1997 年（平成 9）となっている。世界市場でのピークは後者にあたるが，前述した出版業界の動向も加えると，当該期が日本写真産業にとっても絶頂期であったといえよう。だが，2 年後にデジタルカメラの出荷が統計に登場し，世紀を跨いだ 2001 年（平成 13）には銀塩カメラの出荷はデジタルカメラに追い越され，凋落と呼ぶに相応しい落ち込みをみせる。カメラの出荷台数がピークを記録した 2008 年（平成 20），銀塩カメラの出荷は統計の要件を満たさない程までに少量となり，集計が終了されるという皮肉な末路を辿った。さらにその 10 年後，スマートフォンに搭載されたカメラの台頭により，今度はデジタルカメラが劣勢に立たされ，カメラ出荷台数は 1950 年代後半まで遡るような落ち込みをみせている。この間，名だたるカメラメーカーが経営統合や譲渡を繰り返した。世界の写真をリードしてきたコダックは，2012 年（平成 24）に倒産してしまった。一方，日本のフィルムメーカー最後の砦である富士写真フイルムは，2006 年（平成 18）に社名から「写真」の 2 文字を外して，フィルム技術を転用した化粧品等に力を入れるようになった。図 5 は，同社の事業構成比率を示したものである。2000 年（平成 11）に売

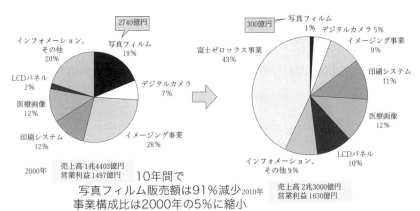

図5　富士フイルムの事業構成の変化『Electronic Journal』2012 年 6 月号「Kodak と富士フイルムにみるサバイバル方法」（湯之上隆作成を一部改変）

り上げの 19 ％を占めていた写真フィルムの販売額は，10 年の時を経て，実に 91 ％も減少し，事業構成に占める割合は，わずか 1 ％になってしまった。その減少率は，2000 年を 100 ％とした場合，5 ％に過ぎなくなったのである。現在はより一層減少して，無きに等しいものであろう。銀塩カメラの出荷が統計から消えたことも含めると，産業としてみた銀塩写真はもはや歴史の表舞台から消えてしまっているのである。これは，業務に用いる実用品としての役割を果たせなくなったことを物語る。銀塩写真はカメラとフィルムがあれば完結するものではなく，現像所の存在や各種感材，印画紙などが有機的に結びついた産業構造として成り立っているが，今から約 10 年前の時点でも中枢となるカメラやフィルムは虫の息であった。現像代も含めた価格は高騰，フィルムラインナップは縮小し続け，街の写真店が相次いで閉鎖する様子を見かけたはずである。その頃メーカーは価格引き上げとフィルム生産の絞り込みで対応していたが，さらなる現像所の廃止やフィルム生産中止に移行する段階を経て，2023 年にはさらなるフィルム価格高騰だけでなく供給不足に陥っている。

　こうした状況にあって，全国の発掘調査現場では地域的な偏りはあるものの記録写真に銀塩写真を用いているところは，減少しつつも一定数存在している。このことは，考古学調査が有する調査記録の恒常性の継続という観点からは意味を持つものである。しかし写真の大衆化が出版印刷業界と歩調を合わせて急速に進行しそれが DTP の普及に結びついた結果，アナログ的なものが産業として存在する基盤を失ってしまったのである。明治・大正の頃の大学考古学であればまだ話は違うかもしれない。だが，大半が開発行為等に伴って原因者負担を原則としながら行政措置の一つとして実施される現代の考古学調査においては，写真・印刷産業を取り巻く経済的側面を避けることはできないだろう。フィルムで調査写真を撮影することだけでなく，記録図面のとり方，成果をとりまとめる調査報告書を紙で印刷することもこの影響を受けるはずである。世間に浸透した考古学調査の宿命といえよう。次章ではその担い手である埋蔵文化財保護行政機関・専門職員における写真との関わりを掘り下げてみる。

# Ⅱ．埋蔵文化財行政と写真技術

## ① 埋蔵文化財写真の担い手

　高度経済成長期を経て，日本考古学を担う主力は行政機関に所属する埋蔵文化財専門職員となった。当然というべきかその職員数は経済動向の影響を受けて増減するが，文化庁記念物課による埋蔵文化財統計資料によれば，2000年（平成12）に7111人を超えたのをピークに下降線を辿り，2021年（令和3）には5457人と1994年（平成6）の5526人を下回るまで落ち込み続けた。が，2022年（令和4）には5495人と微増に転じた。これは世代交代に伴う人員削減が底を打ったのに加えて，文化財の活用を重視する国の施策も影響を与えているのだろう。これに加えて近年増加している民間発掘調査会社に所属する調査員も含めると6000人前後となるはずで，濱田耕作らが活躍した頃とは隔世の感がある。

　さて，日本では埋蔵文化財の調査は発掘調査という考古学的な手法を用いるため，考古学と埋蔵文化財は同義のものとして見なされることが多い。実際，前述した専門職員の多くは大学で考古学を専攻した者である。そして，大部分の専門職員が発掘調査工程の一つとして写真撮影を行っている。ところが，大学において写真技術に関する講義や実技を学ぶ機会を得た者は極めて少数であり，多くは学生時代の発掘現場でのアルバイトや就職先で先輩達から「口伝」ともいえる撮影技術を学んで，実際の撮影に当たっていることが多い。こうした「口伝」には，写真撮影本来の基礎技術とは遊離したものも少なからず含まれていることがある。こうした状況を改善するため，奈良文化財研究所(以下，「奈文研」と記す)では文化財写真の研修が行われている。

　また，全国の埋蔵文化財担当職員を主体として，多少なりとも文化財写真に携わることがある有志により「埋蔵文化財写真技術研究会」（以下，「埋写研」と記す），現在は文化財写真技術研究会（以下，「文写研」と記す）が組織され，より良い文化財写真を撮影して遺すための活動を行っている。この研究会は1989年（平成元）に活動を開始し，銀塩・デジタルを問わず考古学の調査研究とも関わる写真について，より実践的で具体的な写真技術の底上げを目指している。ちなみに研究会では，文化財写真に求められる要件として，「正確かつ情報量の多い写真記録」「写真資料の適切な保存管理，公開と活用」を挙げ，次の5項目からなる「文化財写真規範」を定めて，活動の

指針としている。

　①撮影・製作では，高品質の写真画像を得るために，最善の方法を講ずる。

　②撮影・製作では，正確で公正な記録となるように努める。

　③文化財写真画像に対し，信頼性を損なうような改変を行わない。

　④文化財写真画像を広く公開し，資料として活用できるように努める。

　⑤文化財写真画像が将来にわたり有効な資料となるように，その保存管理
　　には最善の方法を講ずる。

　ところで現代日本考古学の担い手は長らく，発掘調査現場において銀塩
写真を用いて調査の記録写真を撮影してきた。そのフォーマットは35ミリ，
ブロニーサイズ，4×5サイズから選択されるのが大半で，調査機関や調査
員の考え方，あるいは地域性などによって組み合わされて用いられている。
手段は異なれども方法は同じといった具合で，図面と写真で記録すること自
体はそれなりに定着している。これは，折々に刊行される考古学調査の概説
書の類いに簡便ながらも写真撮影に関する項目が割かれていたり，あるいは
前例となる報告書の体裁をトレースする中で固定化していったことによるも
のと考えている。

　概説書に関していえば，全国的な発掘調査技術の平準化を図るために文化
庁記念物課が中心となってまとめたものに『埋蔵文化財発掘調査の手びき』
（文化庁文化財部 1966）があり，遺構撮影や遺物撮影法について比較的詳し
く記されている。この手びきは，近年全面的に内容の刷新が行われ，新たな
『発掘調査のてびき』として「集落遺跡発掘編」（文化庁文化財部記念物課
2010a）「整理・報告書編」（文化庁文化財部記念物課 2010b）「各種遺跡調査
編」（文化庁文化財部記念物課 2013）が刊行された。特に改訂後の手びきには，
写真撮影の基本から報告書作成の印刷などに文写研の活動成果も多く反映さ
れている。

## ② 埋蔵文化財写真の変化

　考古学において，写真撮影が果たした役割はどのような変遷を辿ったのであろうか。写真や図面の役割について，考古学の入門書の記述内容を分析した深澤芳樹によれば，1913年（大正2）以降のものと，1958年（昭和33）以降のものを比較すると，後者は「技術的な指導内容が主であって，それぞれの特性についての記述は少ない」とし，「写真より実測図が重視されており，かつ写生図が調査過程から消えた」ことを指摘している。一方，前者については，高橋健自の『考古学』（高橋1913），濱田耕作の『通論考古学』（濱田1922），後藤守一の『日本考古学』（後藤1927），藤田亮策の『考古学』（藤田1948）らによる図面と写真の特性の相違点を読み解き，「写真を調査研究法のうち視覚的な記録方法のなかの筆頭に排列する」ことを確認した上で，「実測図こそ，形態を最も正確に複写するという点で一致している」ことを指摘している（深澤1995）。

　濱田が提唱したような「写真，図写，模造等による器械的方法」と「文書による記録的方法」の峻別から浮かび上がる写真の特性は，むしろ考古学の黎明期においてよく認識されている。初期の考古学がこのように写真の有用性を理解し，実践したことにより，写真と図面，そして文章を駆使した日本の考古学調査・研究が今も続けられている。ところが，冒頭で紹介した埋蔵文化財担当専門職員が7000人を超えて過去最高を記録した2000年（平成12）時点でも，埋蔵文化財の写真専門職員は12名しか存在していなかった。その後，定年を迎えた方もいて，現在は7名程度に減少している。ちなみに博物館施設の写真専門職員を加えると，その人数は20名を超えるかどうかというところである。したがって，各地の遺跡や遺物の考古写真は，圧倒的大多数を占める埋蔵文化財専門職員が担ってきたといえよう。この中には，写真技術の方面に明るく，より良い記録写真撮影を心がけている方々も存在するが，大勢を占める状況とは言い難いのが実際のところであろう。しかも，行政改革の名の下で配置転換や退職不補充もあり，埋文行政そのものの現状維持で精一杯というのが昨今の実状である。

　「器械的方法」による写真技術は一朝一夕に身につくものではなく，専門的な知識や技能，（デジタル化によってこれまで以上に）機材や設備も必要

とされることから，濱田耕作が指摘するその重要性の程には本来の意味で普及することは無かった。このため調査記録の両輪となるべき写真と図面のうち，後者に大きな関心が寄せられ，文章と図面が考古学調査成果の主たる要素として認知され，今に至っている。

　埋蔵文化財の保存と活用が求められるようになって久しいが，地域住民がその魅力をどのあたりに感じているか思い巡らすと，遺跡や遺物それ自体であることが多いような気がする。ところが，遺跡を発掘調査時のまま残すということは，その性質上，基本的には不可能である。このため図面をとり，写真を撮り，文章を記した調査報告を活かして，地域住民に説明や解説をすることになる。その場合最も伝達能力が高く，「ウケ」がよいのは写真であることを筆者はたびたび経験してきた。実測図とよく練られた文章はそのままに写真の有用性を改めて見直し，より精度の高い資料写真を撮り，活用し，保存していくことがこれからの埋蔵文化財写真に求められているといえよう。

　前章では銀塩写真の盛衰を紹介し，もはや斜陽どころではない現況を紹介した。その動向を反映して埋文写真の世界もデジタルシフトしたのかといえば，状況はかなり複雑である。筆者はこれまでも埋蔵文化財調査機関におけるデジタル化の使用実態を継続的に調べてきた（栗山 2008, 2011a, 2017 など）が，当初は写真機材の主力は銀塩カメラという機関が圧倒的に多かった。それが 2015 年前後を境として，デジタルシフトが加速した印象を持っている。ちなみに筆者が勤める職場周辺で見かけるアマチュアカメラマンが手にしているカメラは，ほとんど全てがデジタルカメラである。ごくまれに大判カメラを構えている人がいて，驚かされることがある。したがって図 5 の富士フィルムの写真フィルム消費者とは，埋蔵文化財調査機関がほとんど全てを占めるのではないかと思う。

　このような状況は，不況に伴って財政が厳しくなり，デジタル化に必要な写真機材の新規購入が困難になったことが一因とも考えられる。知り合いの調査員は，私物のデジタルカメラを持ち込んで業務に使うことも日常的だと，ひと昔前まで言っていたが最近はどうなのだろう。あるいは，銀塩写真で撮影しても調査がこなせていること。すなわち，以前と比べてフィルムの値段や現像代が高くなったり，現像から戻ってくるのが遅くなったとしてもまだ

許容範囲内ということで，銀塩にとどまっている機関も存在している。メモ写真ではコンパクトデジタルカメラやスマホカメラを用いることで，簡単な資料作成は済ますことができる。写真産業のデータほどには，切羽詰まった状況ではないと考えている空気を感じることもある。

　写真記録の主力をデジタルカメラに移行するとなると，周辺機器まで含めて銀塩カメラ時代より一桁大きな予算が必要となる。なかなか厳しい状況が続いていくが，銀塩写真産業は廃業一歩手前であるという認識のもとで，これまでの精度を確保しながらいかにスムーズに移行できるか，その日に備えておく必要がある。新たな写真機材にも目を配りつつ，足りないものは自作することになるかもしれないが，考古学における写真の重要性を考えるにつけ，手を抜くことは許されないのである。

## ③ デジタル技術の導入による格差と平準化

　埋蔵文化財保護行政のデジタル（カメラ）シフトの問題に関心を寄せて16年の年月が流れた。2007年（平成19）に埋蔵文化財写真技術研究会でデジタル部会の活動が始まり、メンバーとして加わったのが直接的なきっかけである。それ以降、たびたびデジタルシフトの動向状況報告や分析を行い、発表を重ねてきた。実体験を思い起こせば、1996年（平成8）に富山県のとある町役場で埋文行政の仕事に就き、北陸中世土器研究会に参加した際にニコンの回転レンズ式デジカメ（クールピクス900系統）で土器写真をバシャバシャ撮っている方を見かけ、「欲しい」と思ったのがデジタルカメラとの初めての接触であった。程なくして、同じ回転レンズでも廉価なカシオ QV-2300UX を仕事用に購入した。記憶を補うという文字通り、メモ写真を撮るために使用していた。

　2002年（平成14）、研究会では「今なぜ銀塩か？」という特集を組み、文化財写真業界における銀塩写真の優位性を確認していた。その頃の記憶で鮮明に残っているのは、「デジタルカメラは持ち運びができるスキャナーなのでそんなもので記録写真は撮れない。」という会員の意見。それから「銀塩カメラに関連する部門はすでにデジタルカメラに押しこまれてしまったので、定年までそっとしておいて欲しい。」というカメラメーカーの方の発言である。文化財業界とメーカーでえらく様子が違うものだと思いながら、外野から眺めていたことを覚えている。

　時は流れて、埋蔵文化財保護行政の世界にデジタルカメラを主力カメラとして使用することを推奨する時が訪れている。眺めていたつもりが、ここ10数年参加する側になっている。2017年（平成29）3月31日付けで『埋蔵文化財保護行政におけるデジタル技術の導入について1』と題する報告が文化庁から出された。この報告の主目的は第2部「発掘調査におけるデジタルカメラの導入について」である。報告書のとりまとめにあたっては、内容を具体的に検討する作業部会が設置され、筆者もメンバーに加わることになり、1年を費やして報告書の形に仕上げる手伝いをした。その内容は下記URL等をご覧いただくとして、本稿ではとりまとめに際して実施したデジタルカメラ利用に係るアンケート調査結果に関する部分を掘り下げてみる。

＜ https://www.bunka.go.jp/seisaku/bunkazai/shokai/pdf/hokoku_11.pdf ＞

　アンケート項目については，部会メンバーの意見も反映されており，設問のいくつかには筆者がここ 10 数年あまり取り組んできたデジタルシフトへの動向調査とリンクする部分もある。この種のアンケートは母数の大きさも重要なので，文化庁を通じて全国規模でデータ収集できた意味は大きい。このデータをもとに筆者の既往調査結果と時系列的に比較したり，紙幅の関係もあって報告内では省略せざるを得なかった地域傾向の分析等について少し読み解いてみたい。

　冒頭で述べたとおり埋蔵文化財に関わる写真撮影のデジタル化の実態調査を始めて 10 数年経つが，この間に情勢は大きく変化した。世間的には，カメラの出荷統計から銀塩カメラが姿を消した 2008 年（平成 20）が一つの境目となる。そして，いわゆるメモ写真に関しては，銀塩縮小の流れとデジタル化は軌を一にするが，記録写真はワンテンポ遅れた形となっている。この文化庁報告をその区切りとみるなら，ワンテンポは 10 年あまりということになる。このスパンを長くみるか，短くみるかについては未だ答えを持ち合わせていないが，機材の充実や検討を行うための移行期間，銀塩写真に立ち返ってデジタル写真のメリット・デメリットを考える時間や機会を確保できたことは評価してよいだろう。

　さて，偶然なのか必然というべきなのか，銀塩カメラが統計から姿を消す前年の 2007 年（平成 19）3 月，当時の勤務先の近隣（主に富山県・石川県）の埋文行政担当者に「デジタル文化財写真使用実態アンケートのお願い」と題する質問用紙を送り，回答をまとめたことがある。その詳細については，『埋文写真研究』19 号でも報告したことがある（栗山 2008）。

　アンケート結果から導き出される埋文写真を取り巻く状況の要点は，以下の 4 点となる。

　①発掘調査現場でのデジタルカメラ利用は，メモ写真のレベルでは確実に
　　浸透している。

　②私物のデジタルカメラを用いるなど個人レベルの画像管理に留まること
　　が多い。

　③デジタル化が避けられない流れにあることは実感しているが，記録保存
　　写真として使うには保存や真正性に不安を感じる。

④フィルムメーカーの縮小や現像技術の低下等により，デジタルシフトを
進める時期が到来していることを感じる。

これらを踏まえて，「デジタル（コンパクトタイプ含）と中判以上の（銀
塩カメラによる）記録写真を撮ろう！」というのが，当時の検討の到達点で
あった。デジタルと銀塩を「使い分け」「棲み分け」して対応していこうと
する考え方といえる。このことは，「デジタル文化財写真使用実態〜デジタ
ルと銀塩は共存するのか〜」のサブタイトルにも現れている。

また，2011 年（平成 23）1 月には，福井市で開催した文写研の地方講習
会に先立って，参加予定自治体に撮影機材の実態調査アンケートを実施した。
その結果を踏まえて，以下のようなことを説明したことがある。

・すでに所有機材の主体である一眼レフタイプのデジタルカメラを今後も
使っていきましょう。

・その際，少なくとも 5 年を上限に，できる限り新しい機種に移行してい
きましょう。

・そして，画像データを安定的に保存できる環境づくりを考え，体制を作
っていきましょう。

・最後に，高精度写真を求めるなら，今後もしばらくは大判，中判カメラ
を使いましょう。

このアンケート結果についても，『文化財写真研究』2 号の特集「デジタ
ル文化財写真の本格運用」の拙稿「文化財写真の現状と課題」（栗山 2011a）
「現状と課題から見えてきたこと」（栗山 2011b）の中で報告している。これ
も要点を挙げておきたい。

①フィルムカメラによる写真撮影が主流である。

②前述の 2007 年 3 月調査時とさほど差異は感じられない。

③地方公共団体をはじめとする埋蔵文化財調査組織では，デジタル文化財
写真の本格運用はまだ将来的なこと。

④ 35 mm カラーネガ写真の代わりにデジタルカメラを用いる段階から一
歩足を踏み出した。

⑤これらの現状と銀塩写真の衰退のタイムラグが，今後どう解消されてい
くのか，注視する必要がある。

この時期の回答からは，着実にデジタルカメラが普及し「様子見」段階か

ら脱しつつあることが垣間見える。しかし，その一方では機能・費用の両面
で機材の制約を受ける埋蔵文化財調査では，当面銀塩写真が主流であり，続
けざるを得ないのではないかという認識も持っていた。その後，『月刊考古
学ジャーナル』の特集「デジタル化する考古学写真」（栗山ほか 2014）で，
調査組織形態別にデジタルシフト状況をまとめたことがある（菊池 2014；
景山 2014；伊藤 2014）。この段階の認識は，デジタルと銀塩が混在する形で
進捗しているが，記録写真としての軸足は銀塩にあることは変わらないので
はないかというものであった。こうした状況を踏まえて，写真のデジタル化
はごく近い将来のことであり，もはや避けられない道であると認識すべきと
提示した。さらに，2016 年（平成 28）2 月に富山県埋蔵文化財センター主
催の埋蔵文化財発掘調査専門職員等研修会の講師として声をかけていただい
た際に，事前アンケートをとる機会を得た。表 2 がその結果で，次のことが
明らかとなった。

①所有カメラの 7 割をフィルムカメラが占め，発掘調査記録は 35 mm か
中判フィルムカメラが主体である。

②一方，発掘メモ用途カメラは，コンパクトタイプを主体に一眼レフタイ
プを加えたデジタルカメラが主体となる。

③画像のファイル形式は jpeg 形式が 94 % と圧倒的で CD-R か事務共用
HD 内に保存している。

富山県下の事例は，前述した文化庁のアンケート結果の延長上にあるもの
で，標準的な傾向を示すものとなった。また，自治体の規模とデジタル機材
の所有率が必ずしも一致しないことも同様で，担当職員の意識の強弱が反映
されていることを指摘した。

ところで文化庁記念物課（当時）埋蔵文化財部門では，これまでにデジタ
ルカメラの利用に関するアンケートを 3 度実施している。

1 回目は 2009 年度（平成 21）で，埋蔵文化財・史跡担当者会議に伴い都
道府県・指定都市を対象に行われた。2 回目は同じ枠組みで 2015 年度（平
成 27）に実施された（図 6）。

その結果については，『埋蔵文化財保護行政におけるデジタル技術の導入
について 1』（報告）で資料 1 として掲載されている。報告中の共通設問で
あるデジタルカメラの導入を見ると，デジタル・フィルム併用と回答した機

表2 自治体調査機関の写真環境（平成28年2月富山県埋蔵文化財センター調べ）

※富山県埋蔵文化財センター調べ（2016年2月）

| | 1 所有機材 | | | | | | | | | | 2 撮影方法 | | | | | | | | | | | | | | | | | 3 保管方法 | | | | | | | |
|---|---|---|---|---|---|---|---|---|---|---|---|---|---|---|---|---|---|---|---|---|---|---|---|---|---|---|---|---|---|---|---|---|---|---|---|
| | カメラ類 | | | | | | ライト類 | | | | 発掘現場 | | | | | | | | | | 出土遺物の撮影 | | | | | | | フィルム | | デジタル | | | | | | |
| | フィルムカメラ | | | デジタルカメラ | | | ストロボ | | その他光源 | | フィルム | | | | | | デジタル | | | | フィルム | | | デジタル | | | | | | 保存方法 | | | | | | |
| | | | | 一眼レフ | | | | | | | 記録用 | メモ用 | 記録用 | メモ用 | 記録用 | メモ用 | 記録用 | 記録用 | 記録用 | メモ用 | | | | | | | | | | HD | | 光ディスク等 | | | | |
| | 35mm | 中判 | 4×5 | フルサイズ | APS・C | その他 | ジェネレー型 | その他 | タングステンライト | その他 | 35mm | 35mm | 中判 | 中判 | 4×5 | 一眼レフ | 一眼レフ | コンパクト型 | コンパクト型 | メモ用 | 35mm | 中判 | 4×5 | 一眼レフ | コンパクト型 | 専用保管庫温湿度調整可 | 専用保管庫温湿度調整不可 | 比較的温湿度の安定する場所 | 外気の影響を受けやすい倉庫等 | その他 | 保管形式 | ミラーリング有 | 専用内蔵HD | 専用外付HD | 他のPCの内蔵HD | 支給PCの内蔵HD・共有 | CD・R | DVD・R | SDカード | 所属のサーバー |
| 富山市埋蔵文化財センター | ○ | ○ | ○ | | ○ | ○ | | ※ | ※ | | C・M | | M | | | | | ○ | ○ | | M | M | M | ○ | ○ | | | ○ | | | J/T/R | | | | | ○ | ○ | | ○ |
| 高岡市教育委員会 | 15 | 4 | 2 | | | ※ | | | | | ○ | | ○ | | | ○ | | ○ | | | | | | | ○ | | | ○ | | | JP/TI | | | ○ | | | ○ | | |
| 射水市教育委員会 | 15 | 4 | ○ | ○ | | ○ | | ○ | | | | | | | ○ | ○ | ○ | ○ | | | | | | | ○ | | | ○ | | | RAW | ○ | | | | | | | |
| 魚津市教育委員会 | 2 | 1 | ○ | | ○ | ※ | | | ○ | | ○ | | ○ | | | ○ | | ○ | | | | | | | ○ | | ○ | | | | JPEG | | | ○ | | | ○ | ○ | |
| 氷見市教育委員会 | 5 | 2 | ○ | | ○ | | | | ○ | | C・R | | | | | | | ○ | | | | | | | ○ | | ○ | | | | JPEG | | | ○ | | | ○ | ○ | |
| 滑川市教育委員会 | 1 | | | | | ※ | | | | 白熱 | | | | | | ○ | | ○ | ○ | | | | | | ○ | | | ○ | | | JP/RA | ○ | ○ | | | | ○ | ○ | |
| 黒部市教育委員会 | | | ○ | | | ○ | | | ○ | | M | | | | | | | ○ | | | | | | | ○ | | | ○ | ○ | | JP/TI | | | | | | ○ | ○ | |
| 小矢部市教育委員会 | 2 | 3 | ○ | | | ○ | | ○ | | | | | | | | ○ | | ○ | | | | | | | ○ | | | ○ | | | JP/TI | | | | | | ○ | ○ | |
| 砺波市教育委員会 | 2 | 2 | ○ | | ○ | | | ○ | | | ○ | ○ | ○ | | ○ | | | | | | R・M | R・M | ○ | | ○ | | | ○ | | | JPEG | | | ○ | | | ○ | | |
| 南砺市教育委員会 | 4 | 2 | ○ | ○ | | ○ | | ○ | | | C・R | | R | | | ○ | | | | | | | | | ○ | | | ○ | | | JP/TI | | | | | | ○ | | |
| 舟橋村教育委員会 | | | | | | | | | | | | | | | | | | | | | | | | | | | | ○ | | | JPEG | | | | | | | | ○ |
| 立山町教育委員会 | 2 | | ○ | | | ○ | | ○ | | | | | | | | ○ | | ○ | | | | | | | ○ | | ○ | | | | JPEG | | | ○ | | | | | |
| 上市町教育委員会 | 4 | 4 | ○ | | | ○ | | ○ | | | C・M | C・M | C・M | | | | | ○ | | | C・M | C・M | | ○ | ○ | | | ○ | | | J/T/R | ○ | | ○ | | | ○ | ○ | |
| 入善町教育委員会 | | | | | | ※ | | | | | | | | | | | | ○ | ○ | | | | | | ○ | | | ○ | | | JPEG | | | | | | | | |
| 朝日町教育委員会 | 2 | 1 | ○ | | | ※ | | | | | | | | | | ○ | | | ○ | | C・R・M | R・M | R・M | ○ | | | | ○ | | ※ | JP/RA | | | ○ | | | ○ | | |
| 公財富山県文化振興財団 | | 6 | ○ | | | ※ | | ○ | | | | | R・M | | R・M | | | | | | | | | | | | | ○ | | | JPEG | | | ○ | | | ○ | | |
| 県埋蔵文化財センター | 4 | 2 | ○ | ○ | | ※ | ※ | ○ | | | C・R・M | C・M | R・M | | R・M | ○ | | | | | R・M | R・M | | ○ | ○ | | | ○ | | | J/T/R | | | ○ | | | ○ | ○ | |
| | | | | | | ※コンパクトタイプ | | ※クリップオン | | | | | | | | | | | | | | | | | | | | | | ※展示室本棚 | JPEG84% TIFF35% RAW35% | | | | | | | | |
| 17機関での保有率等 | 76% | 71% | 76% | 29% | 24% | 59% | 35% | 6% | 47% | 0% | 65% | 18% | 59% | 6% | 24% | 24% | 29% | 29% | 65% | 18% | 35% | 41% | 29% | 18% | 6% | 6% | 71% | 24% | 6% | 6% | | 18% | 6% | 47% | 35% | 41% | 18% | 18% | 24% |

### （1）デジタルカメラの利用について

**ア：現在発掘作業で使用しているカメラについて教えてください。**　　（都道府県 47）

**イ：フィルムカメラを使用している機関にお伺いします。使用しているカメラの種類を
教えてください。**　　（都道府県 回答数45）

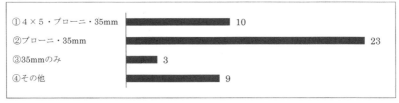

※その他
　　○ブローニのみを使用・4×5とブローニのみを使用など，35㎜を使用しない
　　○ブローニ・4×5は限定的に使用

**ウ：アで③と回答いただいた機関にお伺いします。両者はどのように使い分けています
か。**　　（都道府県 回答数 38）

※その他
　　○デジタルもフィルムカメラと同様に利用
　　○デジタルカメラは 35㎜ の代用として利用
　　　　**図6**　都道府県が発掘調査に使用するカメラ（平成 27 年度文化庁調べ）

関は 39 都道府県から 41 都道府県に微増し，フィルムカメラのみで対応しているところは，7 箇所から 2 箇所に減少している。デジタルカメラのみに関しては 1 箇所から 4 箇所に増加しており，併用型から移行したものと思われる。

そして，ここで取り上げるアンケートは 2016 年（平成 28）6 月に同部門が全国の市町村自治体に対して依頼した最新データである。自治体から 1061 の有効回答数を得たこのアンケートは，筆者が細々と取り組んできたものを圧倒し，様々な興味深いデータを読み取れるものである。集計に際しては，北海道・東北，関東，中部，近畿，中国・四国，九州・沖縄の 6 ブロックに大別され各地域ブロック内の都道府県単位で市町村数が集計されている。本稿では，全国集計表を掲載しておく（表3）。

いくつかの設問の中で筆者が注目したのは次の三つの観点である。

①フィルム・デジタルの使用比率。

②デジタルカメラの仕様と購入時期。

③撮影方法と保存方法。

まず，①からみていきたい。

これまでのアンケートを通じて見えてきた姿は，記録写真はフィルムでメモ写真はデジタルで撮影するというものであった。文化庁アンケートでもこの「併用型」は 645 箇所と全体の 6 割を数える。そのうちの 7 割では，全景や重要遺構を含めた「勝負写真」をフィルムで撮影しており，その軸足が銀塩にある傾向は筆者の調査成果と合致している。しかし，フィルムとデジタルを同等に使っているところも 133 箇所を数えることから，調査記録としてデジタルカメラを重用する意識が着実に増加していると考えることができる。

そして，デジタルカメラのみで調査に臨んでいる自治体が，フィルムカメラの 10 倍強にあたる 379 箇所 = 35 ％を数えることに当時は少々驚いた。それまでの筆者の調査では認識できていなかった構成比だったからだ。『報告』では次のように特記されている。「デジタルカメラのみを使用している組織の割合は，地域によって偏りをみせ，北海道・東北では約 60 ％〜中略〜九州・沖縄では 26 ％，近畿は 27 ％，関東は 29 ％ に留まっている。」（図 7）

この部分の深層を読むため，都道府県単位での傾向を調べてみた。その観

## 表3　市町村調査機関の写真環境 —全国集計—（平成28年6月　文化庁調べ）

| I デジタルカメラについて | 小計 | 北海道・東北 | 関東 | 中部 | 近畿 | 中国・四国 | 九州・沖縄 |
|---|---|---|---|---|---|---|---|
| 回答市町村数 | 1061 | 192 | 234 | 178 | 152 | 93 | 212 |
| **1．記録保存調査に使用するカメラについて** | | | | | | | |
| ア：現在、発掘現場で利用しているカメラについてお教えください。 | | | | | | | |
| ① フィルムカメラのみ | 35 | 6 | 6 | 5 | 6 | 0 | 12 |
| ② デジタルカメラのみ | 379 | 116 | 68 | 59 | 42 | 39 | 55 |
| ③ フィルムカメラとデジタルカメラを併用 | 645 | 70 | 154 | 118 | 104 | 54 | 145 |
| イ：アで③と回答いただいた機関にお伺いします。両者をどのように使い分けていますか | | | | | | | |
| ① 基本的にフィルムカメラを利用。デジタルカメラはメモ写真程度。 | 203 | 11 | 55 | 38 | 28 | 16 | 55 |
| ② フィルムカメラは全景写真や重要な遺構等に限定。その他はデジタルカメラ | 250 | 25 | 50 | 48 | 50 | 20 | 57 |
| ③ その他 | 195 | 33 | 51 | 31 | 27 | 18 | 35 |
| （フィルムカメラとデジタルカメラを同等に使用） | 83 | 20 | 20 | 14 | 12 | 6 | 11 |
| （フィルムカメラとデジタルカメラを同等に使用し、さらにデジタルカメラでメモ写真を撮影） | 50 | 6 | 15 | 8 | 6 | 4 | 11 |
| （フィルムカメラとデジタルカメラでカットやカラーが異なる写真を撮影） | 19 | 4 | 4 | 3 | 4 | 3 | 1 |
| （調査内容等によってフィルムカメラとデジタルカメラを使い分ける） | 9 | 1 | 3 | 1 | 1 | 0 | 0 |
| ① 4×5 | 92 | 5 | 12 | 20 | 29 | 7 | 19 |
| ② ブローニ | 312 | 22 | 52 | 67 | 70 | 25 | 76 |
| ③ 35mm | 630 | 70 | 153 | 109 | 102 | 52 | 144 |
| **2．アで②あるいはイで②と回答いただいた市町村のみご回答ください。** | | | | | | | |
| ア：デジタルカメラの仕様を以下から選択して下さい（複数回答可） | | | | | | | |
| ① フルサイズデジタルカメラ | 199 | 55 | 32 | 36 | 28 | 17 | 31 |
| ② APS-Cサイズ以下のデジタル一眼レフカメラ | 340 | 71 | 67 | 61 | 45 | 37 | 59 |
| ③ ミラーレス一眼レフカメラ | 55 | 6 | 7 | 12 | 12 | 5 | 13 |
| ④ コンパクトデジタルカメラ | 296 | 60 | 63 | 57 | 44 | 28 | 44 |
| ⑤ 中判サイズ以上のデジタルカメラ | 12 | 4 | 2 | 1 | 1 | 4 | 0 |
| イ：デジタルカメラの導入のきっかけをお教え下さい。 | | | | | | | |
| ① デジタル化の流れに対応するため | 551 | 120 | 106 | 104 | 77 | 51 | 93 |
| ② フィルムカメラの破損等によりやむを得ず導入 | 48 | 9 | 7 | 8 | 10 | 4 | 10 |
| ③ その他 | 119 | 25 | 27 | 12 | 14 | 15 | 26 |
| （フィルムや感材などが入手できなくなったため） | 16 | 3 | 5 | 1 | 4 | 1 | 2 |
| （撮影枚数の増加やデータ管理などデジタルカメラの使用に利点があるため） | 9 | 2 | 1 | 2 | 1 | 2 | 1 |
| （普及活用や報告書作成に適しているため） | 12 | 4 | 2 | 3 | 1 | 2 | 0 |
| （フィルム代などの経費節減のため） | 9 | 2 | 1 | 1 | 1 | 0 | 4 |
| ウ：デジタルカメラによる撮影はどのようにしていますか。 | | | | | | | |
| ① 1カットのみ | 64 | 8 | 20 | 14 | 9 | 3 | 10 |
| ② 絞りを変えて複数枚撮影 | 384 | 89 | 66 | 67 | 49 | 42 | 71 |
| ③ 絞りを変えて複数枚 | 235 | 46 | 45 | 38 | 39 | 22 | 45 |
| ④ その他 | 31 | 7 | 7 | 4 | 4 | 4 | 6 |
| （撮影状況によって異なる） | 12 | 2 | 3 | 1 | 3 | 1 | 2 |
| （担当者によって異なる） | 5 | 2 | 0 | 2 | 0 | 1 | 0 |
| エ：デジタルカメラをお持ちの市町村にお聞きします。そのカメラの入手についてお教えください。 | | | | | | | |
| ① 購入 | 602 | 114 | 125 | 103 | 89 | 65 | 106 |
| ② 自治体の単独予算でリース | 23 | 2 | 4 | 2 | 4 | 4 | 7 |
| ③ 発掘調査事業費等でリース | 58 | 25 | 5 | 10 | 2 | 5 | 11 |
| ④ その他 | 82 | 14 | 17 | 19 | 12 | 5 | 15 |
| （職員の私物を使用） | 53 | 10 | 9 | 10 | 12 | 2 | 10 |
| （他部署の備品を使用） | 9 | 0 | 3 | 0 | 0 | 0 | 4 |
| オ：デジタルカメラの導入時期についてお教えください | | | | | | | |
| 平成10年度以前 | 8 | 2 | 2 | 1 | 1 | 2 | 0 |
| 平成11〜15年度 | 93 | 21 | 20 | 14 | 11 | 18 | 9 |
| 平成16〜20年度 | 260 | 44 | 46 | 50 | 43 | 34 | 43 |
| 平成21〜25年度 | 235 | 53 | 47 | 34 | 27 | 36 | 38 |
| 平成26年度以降 | 51 | 7 | 6 | 7 | 8 | 14 | 9 |
| カ：画像データの保存形式について教えてください。 | | | | | | | |
| ① RAWデータで保存 | | | | | | | |
| a すべて | 58 | 13 | 13 | 10 | 5 | 4 | 13 |
| b 重要な写真のみ | 55 | 14 | 4 | 6 | 10 | 6 | 15 |
| ② RAWデータとTIFFで保存 | | | | | | | |
| a すべて | 30 | 3 | 8 | 4 | 4 | 3 | 8 |
| b 重要な写真のみ | 39 | 7 | 9 | 5 | 6 | 4 | 8 |
| ③ JPEGのみで保存 | 524 | 107 | 107 | 93 | 81 | 46 | 90 |
| ④ その他 | 64 | 14 | 11 | 10 | 11 | 9 | 9 |
| （RAWとJPEGで保存） | 31 | 9 | 3 | 9 | 5 | 6 | 9 |
| （状況や担当者ごとに異なる） | 16 | 3 | 3 | 1 | 3 | 1 | 1 |
| キ：撮影した写真はすべて保存していますか。 | | | | | | | |
| ① すべて保存 | 521 | 103 | 108 | 95 | 72 | 60 | 83 |
| ② 厳選して保存 | 214 | 47 | 34 | 34 | 34 | 17 | 51 |
| ク：画像データの保管についてお伺いします。データ保管はどのようにしていますか。 | | | | | | | |
| ① 写真専用のサーバーで一括保管。バックアップも行っている。 | 30 | 5 | 4 | 8 | 6 | 3 | 4 |
| ② 写真専用のサーバーで一括保管しているがバックアップ行っていない。 | 11 | 2 | 2 | 3 | 1 | 0 | 3 |
| ③ 一定期間保管した後、光学ディスク等で保管（サーバーのデータは消去） | 60 | 9 | 14 | 9 | 10 | 8 | 10 |
| ④ 教育委員会等の共用サーバーで保管 | 172 | 31 | 30 | 30 | 27 | 23 | 31 |
| ⑤ USB接続外付けHDDで保管 | 314 | 77 | 63 | 47 | 48 | 29 | 50 |
| ⑥ パソコンの内蔵HDDで保管 | 105 | 25 | 27 | 16 | 10 | 10 | 17 |
| ⑦ 保管方法は統一しておらず、担当者まかせである。 | 88 | 16 | 8 | 20 | 12 | 5 | 27 |
| ⑧ その他 | 93 | 22 | 22 | 10 | 15 | 6 | 18 |
| （パソコンの内蔵HDDで保管し、外部メディアでバックアップ） | 18 | 5 | 3 | 2 | 3 | 0 | 5 |
| （光学ディスクに保管） | 35 | 10 | 9 | 4 | 5 | 2 | 5 |
| （複数の外部メディアに保管） | 31 | 6 | 9 | 4 | 7 | 1 | 4 |

3．設問1アで①あるいはイで①と回答いただいた市町村のみご回答下さい。

ア：近い将来デジタルカメラの導入を行う予定はありますか。

| | 計 | | | | | | |
|---|---|---|---|---|---|---|---|
| ① ある | 83 | 5 | 21 | 17 | 13 | 10 | 17 |
| ② ない | 132 | 11 | 30 | 22 | 17 | 9 | 43 |

イ：アで②と回答いただいた市町村にお伺いします。その理由は何ですか。

| | 計 | | | | | | |
|---|---|---|---|---|---|---|---|
| ① 文化庁刊行（平成22年）の『発掘調査のてびき』の記載が、フィルムカメラを前提に書かれているように読め | 21 | 0 | 7 | 4 | 3 | 3 | 4 |
| ② デジタルカメラ導入に要する予算を確保できる見通しがないため | 62 | 7 | 9 | 9 | 11 | 3 | 23 |
| ③ デジタルカメラに対する不安があるため | 28 | 2 | 6 | 5 | 7 | 1 | 7 |
| ④ デジタルカメラを導入する積極的な理由がないため | 23 | 0 | 8 | 4 | 6 | 2 | 3 |
| ⑤ フィルムカメラの利用に特段不便がないため | 10 | 2 | 1 | 3 | 1 | 1 | 2 |
| ⑥ その他 | 13 | 2 | 3 | 4 | 1 | 0 | 3 |

4．すべての市町村にお伺いします。

ア：これまでの発掘調査の記録写真（フィルム）はどのように保管していますか。

| | 計 | | | | | | |
|---|---|---|---|---|---|---|---|
| ① 温湿度が管理できる写真専用の収蔵庫 | 34 | 4 | 8 | 6 | 6 | 2 | 8 |
| ② 温湿度が管理できる書庫等の施設 | 89 | 8 | 26 | 17 | 17 | 8 | 13 |
| ③ 温湿度管理はできないができるだけ日光を避けられる環境で保管 | 812 | 157 | 174 | 142 | 106 | 70 | 163 |
| ④ 保管環境は特に考慮していない若しくは考慮できるような環境にない | 124 | 20 | 28 | 19 | 21 | 12 | 24 |
| ⑤ その他 | 11 | 1 | 1 | 0 | 3 | 3 | 3 |

イ：これまで撮影した写真・フィルムの保存状態について確認を行っていますか。

| | 計 | | | | | | |
|---|---|---|---|---|---|---|---|
| ① 年1回等、定期的に確認している。 | 7 | 0 | 3 | 0 | 1 | 1 | 2 |
| ② 定期的ではないが、できるだけ確認するよう心がけている。 | 226 | 43 | 51 | 42 | 29 | 12 | 49 |
| ③ 貸し出しや使用等の機会がなければ特に確認はしていない。 | 813 | 144 | 173 | 140 | 120 | 77 | 159 |
| ④ その他 | 10 | 3 | 0 | 2 | 2 | 1 | 2 |

ウ：保存しているフィルムが退色、劣化したことがありますか。

| | 計 | | | | | | |
|---|---|---|---|---|---|---|---|
| ① ある | 456 | 71 | 114 | 76 | 77 | 33 | 85 |
| ② ない | 208 | 41 | 42 | 40 | 20 | 19 | 46 |
| ③ 分からない | 392 | 78 | 72 | 68 | 53 | 41 | 80 |

エ：劣化したフィルムの対応を執っていますか。

| | 計 | | | | | | |
|---|---|---|---|---|---|---|---|
| ① 劣化の進行を防ぐために、冷暗所に移して保管 | 63 | 11 | 19 | 12 | 5 | 3 | 13 |
| ② デジタル化している | 238 | 43 | 51 | 26 | 49 | 18 | 51 |
| ③ 特に対策はとっていない | 745 | 134 | 157 | 148 | 95 | 71 | 140 |

オ：デジタルカメラ導入に関する一定の指針が必要と考えますか。それぞれ理由をお示しください。

| | 計 | | | | | | |
|---|---|---|---|---|---|---|---|
| ① 必要 | 788 | 130 | 170 | 142 | 112 | 74 | 160 |
| （専門的な観点による指針を参考にしたいため） | 66 | 12 | 9 | 11 | 9 | 10 | 15 |
| （指針があると予算化の際の根拠付けとできるため） | 154 | 29 | 22 | 33 | 28 | 12 | 30 |
| （画素数やデータ形式、データの管理方式等に統一的な指針が必要なため） | 249 | 49 | 77 | 56 | 43 | 25 | 46 |
| （指針が無いと記録・保存の精度が低下する恐れがあるため） | 45 | 7 | 5 | 10 | 4 | 4 | 15 |
| （デジタルデータには改変が容易という問題があり対策が必要なため） | 23 | 3 | 3 | 1 | 2 | 2 | 9 |
| （デジタル化を進める上での後押しとなるため） | 36 | 9 | 7 | 3 | 4 | 5 | 8 |
| （フィルムカメラとの関係を整理するなど、時代時代に即した指針の提示が必要であるため） | 36 | 9 | 7 | 3 | 4 | 5 | 8 |
| ② 特に必要ない | 246 | 54 | 50 | 39 | 38 | 17 | 48 |
| （各自治体や調査ごと、担当者ごとの判断に任せればよいため） | 31 | 7 | 10 | 4 | 4 | 2 | 4 |
| （フィルムカメラと同じ考え方で対応すればよいため） | 7 | 3 | 0 | 2 | 1 | 0 | 1 |
| （既に発掘調査におけるデジタルカメラの使用方法は確立されているため） | 20 | 3 | 6 | 4 | 2 | 1 | 4 |
| （指針には強制力がなく、また市町村の財政規模によっては指針があっても従えないため） | 27 | 4 | 5 | 5 | 1 | 5 | 7 |
| （デジタル技術は進歩が速く、指針が提示されても進歩の速度に追いつけなくなる可能性が高いため） | 20 | 3 | 6 | 2 | 3 | 1 | 5 |
| （現状で特に問題を感じていないため） | 24 | 7 | 5 | 5 | 3 | 0 | 4 |

Ⅱ　パソコンについて

1．職場におけるパソコンについてお聞かせ下さい

ア：事務的な業務に用いるパソコンの他に、出土品・記録類の整理に用いる専用のパソコンをお持ちですか

| | 計 | | | | | | |
|---|---|---|---|---|---|---|---|
| ① 持っている（年間を通じたリースも含む） | 438 | 73 | 104 | 75 | 64 | 38 | 84 |
| ② 持っていない | 584 | 101 | 121 | 107 | 84 | 52 | 119 |
| ③ 普段は持っていないが、必要に応じてリース等で対応 | 41 | 18 | 7 | 2 | 4 | 2 | 8 |

イ：ア①と回答いただいた市町村にお伺いします。パソコンのOSについてお教え下さい。（複数回答可）

| | 計 | | | | | | |
|---|---|---|---|---|---|---|---|
| ① windows 7以降の機種 | 365 | 65 | 78 | 65 | 54 | 30 | 73 |
| ② windows Vista以前の機種 | 138 | 27 | 35 | 20 | 22 | 7 | 27 |
| ③ マッキントッシュ（mac） | 35 | 6 | 7 | 5 | 7 | 1 | 9 |

ウ：ア②と回答いただいた市町村にお伺いします。整理作業において不自由はありませんか。

| | 計 | | | | | | |
|---|---|---|---|---|---|---|---|
| ① 専用ソフトのインストール等が比較的自由に行えるので特に不自由はない。 | 131 | 30 | 17 | 23 | 23 | 10 | 28 |
| ② 専用ソフトを使用しなければならない作業は外注しているので特に不自由はない。 | 64 | 10 | 23 | 17 | 3 | 3 | 8 |
| ③ 業務を必要な作業が制限されており、不自由を感じている。 | 325 | 48 | 68 | 61 | 54 | 33 | 61 |
| ④ その他 | 138 | 23 | 27 | 19 | 23 | 11 | 35 |
| （専用ソフトを使用する作業がなく、特に不自由はない） | 40 | 7 | 12 | 3 | 6 | 2 | 10 |
| （制限はあるが、職場に最低限必要なソフトはインストールしており可能な作業を行っている） | 12 | 4 | 2 | 1 | 3 | 1 | 1 |
| （パソコンやディスプレイのスペックが不足しており、作業に支障がある） | 4 | 1 | 0 | 0 | 2 | 1 | 0 |

### （1）記録保存調査に使用するカメラについて

**ア：現在，発掘作業で利用しているカメラについてお教えください。**

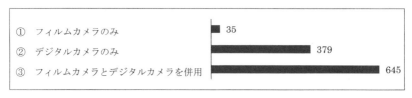

① フィルムカメラのみ　35
② デジタルカメラのみ　379
③ フィルムカメラとデジタルカメラを併用　645

**【参考】地域別の傾向**

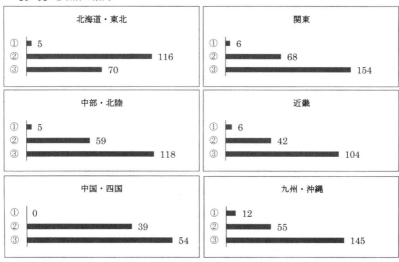

北海道・東北
① 5
② 116
③ 70

関東
① 6
② 68
③ 154

中部・北陸
① 5
② 59
③ 118

近畿
① 6
② 42
③ 104

中国・四国
① 0
② 39
③ 54

九州・沖縄
① 12
② 55
③ 145

**イ：③と回答いただいた機関にお伺いします。**

両者をどのように使い分けていますか？

① 基本的にはフィルムカメラを利用。デジタルカメラはメモ写真程度。
② フィルムカメラは全景写真や重要な遺構等に限定。その他はデジタルカメラ。
③ その他

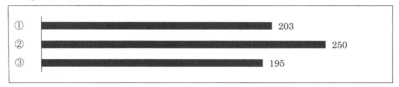

① 203
② 250
③ 195

**図7　市町村が発掘調査に使用するカメラ**（平成28年6月文化庁調べ）

点は「フィルム離れ」度合いである。

これまでの推移を振り返るとデジタルシフトは，

**第1段階** フィルムのみ

**第2段階** フィルム主体にデジタル併用

**第3段階** デジタル主体にフィルム併用

**第4段階** デジタルのみ

という流れを辿ることが多い。そこで，第1段階のフィルムカメラのみで撮影する市町村が複数箇所存在する都道府県をカウントすると，北海道・埼玉県・千葉県・京都府・大阪府・福岡県・長崎県・宮崎県の8箇所に過ぎない。中でも中国・四国地域は全ての県で0となっており，フィルム一辺倒からの脱却は，中国・四国地域を筆頭に全国各地で進行しているようだ。

また，三重県は10市町村全てが併用型で最も偏りがない県といえる。この併用型についても，第2段階の基本フィルム・デジタルメモ写真使用と回答した数が最も多い地域は，関東と九州・沖縄で，都道府県別にみれば，青森県・群馬県・千葉県・神奈川県・富山県・石川県・福井県・静岡県・三重県・鳥取県・岡山県・広島県・山口県・福岡県・佐賀県・長崎県の16県となる。

第2〜3段階の間には両者を同等に扱う段階も成立しうるが，これが卓越しているのは秋田県・福島県の2県に過ぎない。したがって，ここで名前の挙がっていない29都道府県は第3段階に移行している市町村が多いことになる。

これらを勘案すると，北海道・東北と近畿，そして四国でデジタルを重用している傾向を読み取れそうだ。

その一方で第1〜2段階の市町村を対象に，近い将来のデジタルカメラ導入の有無を尋ねた回答をみると，中国・四国地域では10対9で導入予定有りが僅かに上回る以外，いずれの地域も導入予定無しが多い結果となっている。地域別で見ると九州・沖縄地域で全体の33％を占め，中部を加えると55％で過半数を上回る。予算的な面，フィルムへの信頼などの要因が考えられ，デジタルカメラの導入状況をリサーチする際に注視すべき地域であるといえよう。

次に②を考えてみたい。

デジタルカメラの導入は，2004年度（平成16）〜2013年度（平成25）に

かけて全国的に進む。地域別にみると北海道・東北, 関東, 中国・四国が1999 年度（平成 11）〜2003 年度（平成 15）に先行し, 2013 年度（平成 25）まで普及が進み続ける。一方, 中部, 近畿, 九州・沖縄はワンテンポ遅れて2004 年度（平成 16）〜2008 年度（平成 20）に導入の画期がある。興味深いのは, 前者が 2009 年度（平成 21）〜2013 年度（平成 25）にかけて数値が増加するのに対して, 後者は導入開始期の 2004 年度（平成 16）〜2008 年度（平成 20）が多い点である。前者はデジタルシフトに関心が高く, 波及効果の高い地域と捉えることができそうだ。

　次に導入機種であるが, 全国的には APS-C 以下の一眼レフを筆頭にコンパクトデジタルカメラを加えたものが全体の 70 ％を占める結果となっている。地域別にみると, 福島県・三重県・鳥取県・広島県ではフルサイズ機の導入数が他の機材を上回る一方, 山梨県・山口県・香川県・佐賀県・宮崎県ではフルサイズ機を所有する市町村が 0 という結果となっている。また, 前述の導入時期グループでみると, 後者の地域ではミラーレス一眼が前者より多い特徴がみられ, 後発組が発売時期の新しいミラーレス一眼を手にする様子が読み取れる。

　導入のきっかけは, デジタル化に対応するためというものが大勢を占め, 7, 8 割の市町村がリースでなく購入で取得していることが明らかとなった。財政当局の壁が高く, 機材購入予算の確保に苦闘する自治体関係者の話をよく耳にするので, 「案外購入できているものだ」というのが正直な感想である。ひと昔前より価格が下がってきたことも要因としてあるだろうが, 予算獲得に奮闘する担当者の姿が見える。その裏で注目しておかなければいけないのは, 「職員の私物を使用」する事例である。概ね 6 ％代が多い中, 近畿は 11 ％と突出している。他地域との差異を探ると, 「発掘調査事業費等でリース」が少ないことに目がいく。自治体予算はもちろん, 調査費も不十分なため, やむなく私物を調査現場に持ち込んでいるものと思われる。改善せねばならない事例である。

　最後に③を考えてみたい。

　撮影方法では, 「絞りを変えて複数枚」が最も多く「絞りを変えずに複数枚」がそれに次いでいる。語句を読むと両者は同じようなことを指しているように思えるが, よくよく考えると違うことに気付くだろう。前者はフィル

ムカメラでもよく行われた撮り方で……とここまで書いた時点でハタと気付いた。この設問は勘違いしているのではないかと。正しくは「露出を変えて複数枚」「露出を変えずに複数枚」ではなかろうかと。

　筆者自身，ここに至るまで，ずっと露出のことを指していると読み替えていた。設問意図は露出複数枚撮りの実態調査のつもりだと考えていたが，回答者はどう読んだのだろう。デジタルカメラ撮影で「絞り複数枚撮り」を日常的に行うことはないと思うので，ちょっと強引かもしれないが，今回は「露出」に読み替えてみることにする。

　露出を変えて複数枚撮りは，適正露光とプラス・マイナス露出を撮影するものである。この撮り方はフィルム撮影時の名残りであり，もはや意味はないと指摘しておきたい。フィルムカメラでは「保険」という観点で一定の意味を持っていたかもしれないが，撮影後に画像を確認できるデジタルカメラでは，即座にバックモニターに表示される画像やヒストグラムで確認し，適正露出の1枚を残せばよい。ただし，ブレ対策のため，あるいはデータ書き込み不良の保険という観点から，露出を変えずに複数枚撮影するのが適切な撮り方といえる。

　撮影画像の保存に関しては，これまでの調査と同様に jpeg のみで保存という事例が全国でも 524 箇所 80 ％あまりと他形式を圧倒する結果となる。それらの画像は，すべてを保存対象として，PC内蔵の HDD か教育委員会の共用サーバーで保存することが多いようだ。この項目では地域のバラつきは認められないが，RAW データ保存の対象で地域差がみられる。北海道・東北，近畿，九州・沖縄ではすべて保存か選択保存が拮抗するのに対して，関東・中部はすべて保存，中国・四国は選択保存の立場をとるところが多い。

　ここまで個々の設問の中で差異を抽出し，既存成果も付き合わせながら傾向を読み解いてみたが，情報量が多く掘り下げきれなかった部分もある。また，埋文写真は組織や地域性に属人性も加わるため，類型的に捉えがたい面がある。デジタル化はこれに拍車をかけ，一組織内でも様々な意見がみられるなど，全体像を見えにくくしている。

　そこで，今回のアンケート最大の強みであるスケールメリット（回答市町村数 1061，以下，括弧数字は回答数）を活かし，最大公約数的に導くことができるモデル像を提示しまとめとしたい。このモデル化の試みが，関係者

のデジタルシフトへの距離感をつかむ下地になればと思う。

## 【市町村自治体調査機関標準モデル】
### ①導入年度と撮影機材
・平成16〜20年度（260）或いは平成21〜25年度（235）に，デジタル化の
流れに対応するため（551），APS-Cサイズ以下のデジタル一眼レフカメ
ラ（340）やコンパクトデジタルカメラ（296）を，購入し（602），発掘作
業ではフィルムカメラとデジタルカメラを併用（645）している。
### ②撮影内容と画像保管
・フィルムカメラは全景写真や重要な遺構に限定して他はデジタルカメラで
撮影する（250）か，基本的にはフィルムカメラを利用しデジタルカメラ
はメモ写真程度（203）で使い分けている。撮影した画像は，JPEGファイ
ル形式のみ（524）で，すべての画像（521）を，USB接続の外付けHDD
で保管（314）している。
### ③デジタルシフトについて
・デジタルカメラ導入に関する一定の指針が必要と考える（788）がフィル
ムカメラを主力で使用している自治体（238）では，予算を確保できる見
通しがないため（62），近い将来デジタルカメラの導入を行う予定はない
（132）。
### ④PC環境
・事務用以外に出土品・記録類の整理等に用いる専用のパソコンは持って
おらず（584），セキュリティー等の都合で行える作業が制限されており不
自由を感じている（325）。
### ⑤フィルム保管
・フィルムは，温湿度管理はできないができるだけ日光を避けられる環境
で保管（812）し，保存状態の確認は，貸し出しや使用等の機会がなけれ
ば特にしていない（813）。保存しているフィルムが退色・劣化したことは
ある（456）が，特に対策はとっていない（745）。

# Ⅲ．埋蔵文化財写真の特徴

## ① 発掘調査現場の撮影

「実測図などでは表せない細部や質感を写真によって表現できる～中略～写真は遺跡を単に四方から撮影するという事ではなく，写真でしかとらえる事の出来ないものをいかにして表現するかを考えなければならない」

これは 2016 年に 94 歳で逝去された元奈良国立文化財研究所長の坪井清足先生が，『埋文写真研究 Vol.2』（1991 年）の巻頭言「文化財写真に思うこと」に寄せられた一節である（坪井 1991）。『発掘調査のてびき』をまとめられるなど我が国の埋蔵文化財保護行政の体制づくりや充実化にご尽力された先生は，研究会にもたびたび足を運ばれて，埋蔵文化財と写真のあるべき姿に関心を寄せておられた。

埋蔵文化財写真のフィールドで最大の特徴を挙げるとすれば，写真学校等で専門教育を受けたことがない全国各地の発掘調査員が，撮影者として携わることが一般的であるという点だろう。埋文以外の文化財撮影は，写真専門技師が担っていることも多い。こうした「兼業写真家」のスキルアップや理論構築は，坪井先生のように写真にも明るい各地の先輩調査員から受け継ぐことが多い。そしてそのような調査員には奈文研が実施してきた文化財写真研修の受講者や，文写研の会員であるということもしばしばある。

2017 年（平成 29）3 月 31 日に『埋蔵文化財保護行政におけるデジタル技術の導入について 1』（報告）が文化庁によってまとめられ，埋蔵文化財の撮影機材がフィルムからデジタルにシフトする指針が示された。従前は他所の様子を窺いながら進めてきたデジタルカメラの導入について，統一した見解のもとで進める拠りどころができたことを意味する。結果，当面はデジタルシフトの動きや関心が活発化しそうな情勢である。

このような状況で問題となるのは，フィルムカメラとデジタルカメラの差異がどの程度のものなのか，実態がよくわからない漠然とした不安であろう。差異の程度について答えるとすれば，**「基本的にはフィルムカメラでの撮影技術と大部分が同じ」**である。ただし，デジタル特有の部分があるのも事実で，埋蔵文化財の撮影時にはそれがメリットにもなり，デメリットにもなるという答え方となる。デジタルカメラの本格的な普及前から，その本質や差異を目や耳にしてきた人であればある程度理解も及ぶものと思われるが，そ

れでも実際に導入した際に戸惑うこともあるだろう。したがって，ここでは
フィルムカメラで経験してきた撮影技術をベースにしながら，デジタルカメ
ラ導入後に注意を払わなければいけない基本的事項を紹介するスタンスをと
る。冒頭の坪井先生のお言葉にあるように，事の本質はフィルムとデジタル
の違いではなく，写真で何を表現するかということに収束すると思うからだ。

　埋蔵文化財は，どのような目的で写真を必要とするのだろうか。長年の活
動を通じて到達した答えは次のとおりだ。

**①消失してしまう遺跡の最も克明な保存記録。**

**②資料として活用できる画像記録。**

　それを実現するために，できる限り最善の方法で撮影し，再現し，保存し
ていくことが求められる。また，撮影に際しては，調査成果の長期保存と活
用を担う「記録写真」，発掘調査の進捗状況などを撮るメモ代わりの「記憶
写真」，遺構や遺物の計測図化のための「計測写真」があり，何を目的とす
るのか峻別し，混同しないよう撮影意図をシンプルに捉えることが大切とな
る。さらに，遺跡写真は基本的には再撮影ができない，遺物写真は撮影する
たびに何らかのダメージを生じさせるという一回性がついてまわるので**「写
真そのものが文化財」**という意識を持つ必要がある。これらが埋蔵文化財写
真術の基本的論理である。

　デジタルシフトしてもこの論理は不変であるが，例えば記録・記憶・計測
で使用するカメラを使い分けたり，保存データ形式やファイルサイズを差別
化するなど，より細かな対応を行うことが可能になる。

　写真は光と影を撮影するものである。しかし，埋蔵文化財を相手にしてい
ると，屋内の遺物撮影はさておき，屋外の発掘調査時はこの光と影に振り回
されることが多い。それは，自然を相手にしているから当たり前のことであ
るが，千差万別・千変万化という言葉がこれほど当てはまる文化財の撮影現
場はそうあるものではない。この発掘調査現場を撮影するメイン光源は，太
陽である。バッテリータイプのストロボやレフ板を用いることもあるが，そ
れらはあくまで補助光源として用いるものである。したがって，太陽位置と
雲のかかり具合を見極める事が重要となる。もちろん，天気や風を読むこと
もしかり。屋内撮影時に光源をどこに配置するか，光質をどうするかという
ことを，屋外では太陽相手に行うことになる。さらに，写真によって被写体

をどう表現するのかという，根源的なことにも注意を払わなければならない。求める写真に応じて，必要とするライティングは異なるからだ。埋蔵文化財の写真術に必要な要素を挙げるなら，以下の7つに集約される。

①鮮明・鮮鋭である（ブレやボケがない）。

②高解像度（粒子が粗くない・ノイズが目立たない）。

③適度な濃度（濃すぎない，薄すぎない）。

④適度なコントラスト（高コントラストで白飛び・黒つぶれしていない，低コントラストでねむくない）。

⑤色に偏りがない（実物に近い色）。

⑥立体感・材質感がある（良好な光線状態）。

⑦遠近感がある（レンズの選択，撮影高度や位置，フレーミングなどが最適）。

　この目的を達成するため，天候や撮影時刻，撮影方向や高度，機材・感材の選択，露出やシャッタースピードなどが最適なものとなるよう取捨選択することになる。また，埋蔵文化財において写真が能力を発揮するのは，「材質感の描写」「形状と位置（立体感や遠近感）の表現」「雰囲気・臨場感の表現」である。

　では，実際どういう陽の当たり方がよいだろうか。結論的なことを先にいえば，光源にディフューザーをかけた場合と似た状況を呈する「花曇り」とも呼ばれる薄曇りの晴天が最適である。そして，この光源に対して逆光・半逆光の状態で撮影することが，前述した目的を満たす写真に仕上げる近道である。大半の埋文写真は穴や溝で構成される。こうした凹凸の少ない，いわば平べったい発掘調査現場の遺構を写真上で表現するには，陰影を強調した撮影を行う必要があり，逆光・半逆光が基本となる。学術報告書の類いが，モノクロページで印刷される場合が多いことも，こうした光線でコントラストを強調する撮影が適する理由である。この考え方に立てば，撮影方向と太陽位置が密接に関わることが理解できるだろう。

　図8は，この関係性を表したものである。1日の動きの中で，逆光・半逆光になるような位置取りをしようとすれば，このような撮影方向となる。また，夏と冬では太陽の高度や日の出・日の入時間が異なるため，適切な撮影時間帯が前後することにも気を配りたい。太陽の光がまんべんなく当たる順

光状態も悪くはないが，写真1のように逆光気味に撮ることでより臨場感のある発掘調査写真を撮ることができるのである。

　ところで発掘調査には，開発行為により遺跡が破壊されることに伴う記録保存のための調査と，学術的な目的に基づいて行う学術調査がある。前者は工事によって破壊される遺跡を記録で保存する調査なので，

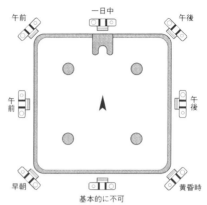

**図8**　基本的な撮影方向と時間帯

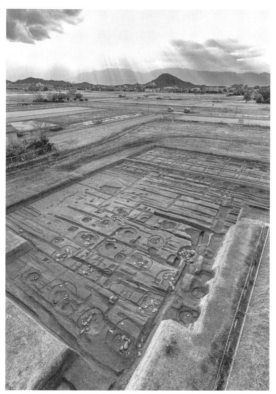

**写真1**　発掘調査全景写真（藤原宮東方官衙北地区）

遺構の断ち割りはもちろん，各遺構を完全に掘りきってしまう「完掘」まで
行った上で全景写真を撮ることが通例となっている。一方，後者は必要最小
限の発掘に留めることが望ましいとされる。遺構の断ち割りは必要なものに
限定され，完掘まで行う遺構はさらに限られる。このため，遺構検出後に数
cm掘り下げる「段下げ」状態で全景写真を撮ることが多い。「段下げ」は，
柱根痕跡などを確認できるほか，平坦な遺構に高低差ができ陰影がつくこと
で立体的に見える効果が生まれる。私自身，両方の発掘調査を担当したこと
があるが，段下げ時の写真は「遺構検出写真」の範疇で捉えて，完掘後のも
のを「全景写真」と呼んでいた。1カットで勝負した時に，より情報量が多
いのは柱根痕跡も残る「段下げ全景写真」の方だと気付いたのは現在の職場
に移ってからである。

　このように，発掘調査における全景写真一つとっても，知らないうちに別
工程のものを同じ名前で呼んでいる場合がある。そこで発掘調査現場で撮影
する写真を整理すると，次のカットになるだろう。

　①調査前現況写真。

　②遺構検出状況写真。

　③土層堆積写真（遺構断割りや基本層序）。

　④遺跡全景写真（遠景・中景・近景）。

　⑤遺構全景写真。

　⑥遺構細部写真。

　⑦遺物出土状況写真。

　⑧作業風景写真。

　⑨完掘写真。

　⑩埋め戻し完了写真。

　遺構の性質や調査員の違いにより順番が入れ替わったり，省略されること
もあるが，基本的な撮影機会はこの10パターンである。なかでも，埋蔵文
化財の写真として最も役割が期待されるのは，全景写真である。全景写真は
遺跡の周辺環境も写し込むことが出来るため，遺構と立地状況を1枚の写真
に記録することができる。このカットは，調査面積にもよるが，ある程度高
い位置から撮影する必要がある。筆者が所属する奈文研で用いているのは，
実機ヘリコプター，高所作業車，ワインドアップスタンドにカーボンポール

と電動雲台を取り付けた高所ポール撮影機材（数年前まで常用していた「ヤグラ」と呼んでいる1〜3段のアルミタワー足場の後継）である。要は高いところから写真を撮れればいいので，ラジコンヘリコプターやバルーン，最近ではドローンなども使用する事が可能であるが，高精度な写真を安定的に安全に安価で撮れるかどうかの点でそれぞれに難がある。

　では，実例を挙げながら遺構写真，遺物出土写真の撮影方法を紹介してみたい。まず，撮影方向の違いが遺構の印象にどの程度影響を与えるのかご覧いただきたい（写真2から5）。これは藤原宮の中枢に位置する朝堂院朝庭部を発掘した時のもので，藤原宮の造営に伴う運河とそれに先行する朱雀大路の東側溝，運河に沿って設置された区画塀にあたる柱穴列などが検出された。

　写真2・3は全景写真で写真2が北から，写真3は南から撮影したものである。南からのカットは10時頃に撮影しており，完全順光にならないよう撮影しているが，写真2と見比べれば明らかに平坦な印象を受ける。写真3は調査区の向こうに，大極殿址とされるこんもりした木々や大和三山の一つ耳成山が見える。これはこれで宮跡内における調査区の位置関係を明示する

**写真2**　逆光時の全景写真（北から）（藤原宮朝堂院朝庭）

**写真3** 順光時の全景写真（南から）（藤原宮朝堂院朝庭）

**写真4** 逆光時の遺構写真（北から）（藤原宮造営期の運河と先行朱雀大路）

**写真 5** 順光時の遺構写真（南から）（藤原宮造営期の運河と先行朱雀大路）

撮影方向なのだが，遺構の凹凸に目を転じると，陰影が弱く遺構の視認性が落ちてしまう。カラー写真であれば，土色の違いで遺構を認知することもできるが，白黒写真では一層厳しい状況になる。

　写真 4・5 は，藤原宮造営期の運河と先行朱雀大路に沿った南北区画塀の柱穴列及び東側溝に焦点を絞り遺構写真として撮影したものである。光線の状態は写真 2・3 とほぼ同じであるが，遺構に近い分こちらの方が陰影を識別しやすいだろう。このうち道路側溝は南北に走ることもあって双方大差無く見えるかもしれないが，運河の深さと底の凸凹，さらには柱穴の輪郭の違いが際立つことを認識できるだろう。これも白黒写真では視認性の差がより広がる。

　これらの写真から，太陽位置を念頭において撮影する事がいかに重要か認識できるだろう。遺構図で，高さや奥行きを直感的に理解出来るよう表現することは容易でない。しかし，撮影方向を意識しながら写真の力を使うことで，遺跡の臨場感や立体感を表現できる。

　写真 6 から 9 は，橿原市城殿町の瀬田遺跡で検出された弥生時代後期末（纒向 1 式もしくは庄内式 0 式を中心とする）の大型円形周溝墓の東周溝出土土

**写真6** 円形周溝墓　東周溝遺物出土状況写真（北から）（瀬田遺跡）

**写真7** 円形周溝墓　東周溝遺物出土状況写真（東から）（瀬田遺跡）

**写真 8**　円形周溝墓　東周溝遺物出土状況写真（北から）（瀬田遺跡）

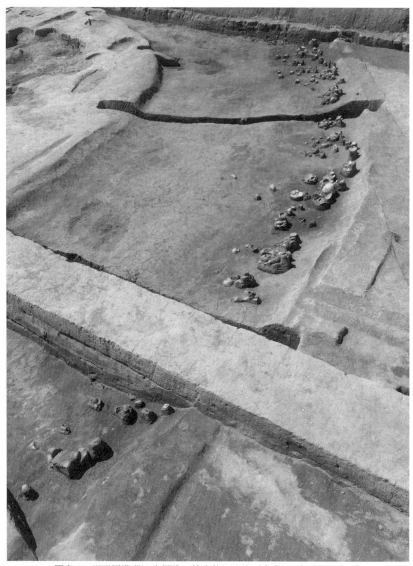

**写真 9**　円形周溝墓　東周溝　検出状況写真（南東から）（瀬田遺跡）

器である。この円形周溝墓は，定型的前方後円墳の祖形とされる「纏向型前方後円墳」の前段階に位置づけられる可能性があり，周溝出土遺物は築造時期を示すものとして極めて重要な遺物である。

このまとまった土器群の出土状況写真を撮る場合，写真6・7のようなカットを撮ることが多い。撮影時期は6月上旬であるが，真夏でなくても野外で露出している土器表面は乾燥して白色化する。特に素焼きの土器は顕著で，そのまま撮影すると周囲の土との明暗差が大きくなりすぎて，乾燥した土器表面が真っ白にとんでしまう。これに対応するため，霧吹きと書筆を用いて水分を吹きつけたり，筆で表面になじませて保水させることで明暗差を少なくする工夫をしている。また写真7では，手前に影が強く出過ぎるためレフ板で光を返して明るさを補っている。現場の状況に応じて，その場で臨機応変に小物を工夫して撮影に臨む姿勢が大切である。言い方は悪いが**遺物に損傷を与えず，画角内に入らない限りは何をやってもいいのである。**

また，発掘現場で遺物の出土状況を撮影する意味も，考えてみる必要がある。私も過去にやったことがあるのだが，写真6・7のように遺物に近接して撮影する際，遺物を一度取り上げて綺麗に洗浄し原位置に置き直して撮影することがある。綺麗にすることは見栄えをよくするために必要なことであるが，撮影のために取り上げてはいけない。そういう写真は，整理作業を経て屋内での遺物撮影時に撮ればよい。最も大切なのは，遺物が出土する「状況写真」であることだ。つまり，周囲の遺構や調査区内での位置関係まで視野を広げて，どのような立地環境のもとで出土した遺物なのか写真で記録すべきである。そういう観点に立つと写真6は土器の背後に周溝東肩の立ち上がりと周溝土層観察アゼを写し込むことで周溝内の位置や深さを記録することを意識しており，写真8は土器個体のまとまりの記録を意識したものである。そして両者を合わせた視点の意識で撮影したものが写真9で「遺物・遺構検出状況写真」とでも呼べるものである。遺物の重要性や出土のあり方は多様なので，どの撮り方が良いとは言い難い面はある。しかし，遺物中心の視点から少し距離を置き出土状況に意識をシフトさせて，発掘調査現場でしか撮れない遺物検出状況の写真を撮っていただきたい。

遺物出土状況写真で留意すべき点について『発掘調査のてびき』（文化庁文化財部記念物課編 2010）では，以下の事項を挙げているので紹介してお

きたい。

①床面などから浮いたものなのか，それとも密着しているのか。

②どの土層中から出土したのか。

③どの遺構に伴う遺物なのか。

④関連する遺構からどの程度離れて出土したのか，遺物間の距離はいかほどか。

⑤密集しているのか，まばらなのか。

⑥全てが同時期の遺物なのか，ほかと時期が異なる遺物が含まれるのか。

　世間にデジタルカメラが普及し始めてしばらくの間は，考古学の記録を託するには画質や信頼性，保存性など様々な観点で不具合が見られた。しかしながら驚くべき技術進歩のスピードで画質は向上し，目的に応じてセレクトできる機種やレンズ性能の向上，保存に伴うバックアップ機器も充実した。35 mm フルサイズの一眼レフデジタルカメラを丁寧に使えば，従来の中判フィルムカメラを上回る画質レベルに到達した印象すらある。

　また，海外に目を転じると，現像焼付処理にきれいな水を必要とするフィルムよりも，電子機器で作業を進められるデジタルカメラの普及は圧倒的である。海外出張といってもアジアの数カ国しか知らないが，目にした限りキヤノン・ニコンのデジタルカメラを持つ調査機関ばかりであった。そこでは暗室があっても物置きとして使われているのはいい方で，廃墟と見紛うようなところもあった。電気が通っていない都市から隔絶したような発掘現場であれば，フィルムが活躍する場もあるだろう。しかし，世界の各都市が同時多発的に現代化し，PC を含めたデジタル機材が一足飛びに普及する近年では，デジタルカメラの利点が活きる場所や場面が拡大している。自分の仕事を振り返っても当初（2010 年）はフィルム併用であったが，ここ数年はデジタル機材のみで出向いている。その場で撮影状態を確認でき，整理も進めることができる上，機材をコンパクトにまとめられるデジタル撮影は，荷物の制約が大きい海外では特に重宝する。

　こうした状況が重なり，埋蔵文化財保護行政でもデジタル技術の導入が検討されるようになって，冒頭で触れたように 2017 年 3 月にデジタルカメラの導入に関する報告がまとめられた。そこで，デジタルカメラの利点を活かした撮影術を整理しておきたい。フィルムとデジタル撮影で共通する部分が

少なからずあることは前項で述べたが，デジタル特有の部分もある。それら
をいちいち取り上げると，気にすることが多くなりすぎてシャッターを切れ
なくなってしまうかもしれない。迷った時は，冒頭に挙げた考古写真に必要
な7つの要素に立ち戻って考えてみればよかろうということで，すぐにでき
る対処法についてデジタルカメラを使う観点で箇条書きしてみる。

### ①鮮明・鮮鋭

→丈夫な三脚の使用。シャッターショックを防ぐためレリーズを使用。ミ
ラーショックを防ぐためにミラーアップ撮影。ライブビューによるピント確
認。回折現象対策のために絞りすぎない（フィルム：F16〜F32，デジタル：
F8〜F16）。カメラブレ防止のためにシャッタースピードを稼ぐ工夫（デジ
タルカメラのISO感度を高くする）。

### ②高解像度

→できる限りセンサーサイズの大きなカメラを使用（フルサイズ以上）。
用途に応じて画素数を選択（画素の多さ＝画質の良さとは限らない）。RAW
で撮影。ズームレンズではなく単焦点レンズを使用。デジタルカメラにはデ
ジタル設計されたレンズを使用。カメラISO感度をあげすぎない（フィルム
でISO400，デジタルでISO3200程度まで）。アオリ操作を行う（フィルムは
カメラボディでアオリ，デジタルはシフトレンズを使用）。

### ③適度な濃度　④適度なコントラスト

→撮影時の補助光源を工夫（野外ストロボによる日中シンクロ撮影，レフ
板使用）。撮影時にヒストグラムを確認して露光調整。現像処理時の適切な
補正。

### ⑤色に偏りがない

→基準となるグレーカードを写し込みRAWで撮影。フィルムの場合は，
撮影時間帯の配慮やフィルムのセレクト（種別と乳剤番号の統一）。現像処
理を平準化。

### ⑥立体感・材質感がある

→遺構・遺物に応じた太陽位置や天候の見極め。撮影方向への配慮。補助
光源の使用。

### ⑦遠近感がある

　→適切なレンズの選択・撮影位置と高度・フレーミングの選択を極端なものにせず，客観性を意識。絞りによる被写界深度の変化を利用した，擬似的遠近表現の工夫。

　発掘調査は，語句として一つで表せるかもしれないが，実際には一つとして同じ条件の現場は無い。試行錯誤しながら発掘が進行するのと同様に，撮影作業も臨機応変に進める事になる。そこで必要になるのは経験と知識で，これもまた車の両輪である。多くの発掘調査現場を調査したり撮影することで，埋蔵文化財写真撮影に関する引き出しは増えていくだろう。その遺跡の特質を何が示しているか。それを見極めながら図面や文字で記録するように，写真が得意とする部分を活かして記録すればよい。

　最後に，デジタルシフトすることでより良い方向に進みそうな話題を3点紹介しておこう。

　一つ目はカメラボディが小型軽量化され（キヤノンEOS6Dのボディ重量は680ｇ），リモート撮影が簡単に行えるようになった。写真10・11は，東日本大震災の震災復興支援調査で福島県南相馬市の発掘現場撮影に出向いた際のものである。これは頑丈なスタンドに延長ポールを接続し，先端に電動雲台を備えたものを用いて，Wi-Fi内蔵のキヤノンEOS6Dを据え付け，カメラ遠隔操作アプリEOS Remoteで撮影している（詳細は『文化財写真研究Vol.4』「新しいデジタル一眼レフカメラを使用した高所写真撮影」（中村2013））。

　スタンドの脇に立って俯いているのが筆者で，ライブビュー画面を表示したiPad miniを見ながら画角の確認とピント合わせをしている（スマートフォンでも可能だが画面が小さすぎる）。この撮影高度は6ｍ弱であるが，ポールを継ぎ足す事で10ｍまで高くできる。高所作業車やヤグラを立てるスペースが無い，準備できない，あるいは工程上迅速な調査が求められる際に重宝する撮影方法だ。2015年秋にはより重いカメラを搭載できる電動雲台を購入し，中判デジタルカメラのペンタックス645Zに無線LAN機能を内蔵したFLUカードを使って同様の撮影を開始した（写真12・13）。

　しかし，ボディーとレンズの総重量が2.5kgを超えるため，ポールが重さに耐えきれず7ｍまで上げるのがやっとで，しかも使う度に変形する有様と

**写真 10**　フルサイズ一眼レフカメラによるリモート撮影風景

**写真 11**　全景写真（福島県南相馬市東町遺跡）

写真 12　中判デジタルカメラによるリモート撮影風景

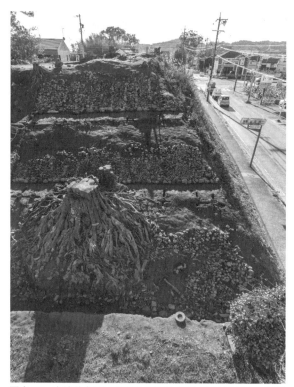

写真 13　古墳前方部の葺石全景写真（愛知県豊川市船山1号墳）

なった。

　これに対処するため，2015年度末にカーボン製のポールを新たに設計・製作し，現在では約9.5mまで安定的にカメラを垂直に上げることが可能になった（詳細は『文化財写真研究 Vol.7』「Wi-Fiを利用したリモート撮影事例―中判高所撮影とコンデジ狭所撮影―」（栗山2016））。

　すでに姿を消してしまった感もあるがコンパクトデジタルカメラも使い方次第で非常に役立ち，しかも基本性能が着実に向上した時期がある。写真

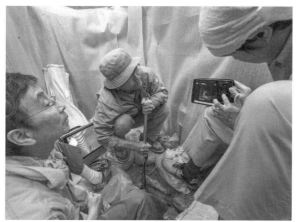

**写真14**　コンパクトデジタルカメラによるリモート撮影風景

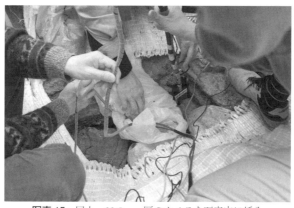

**写真15**　同上　22.5mm厚のカメラを石室内に挿入

14・15 は大阪府高槻市にある闘鶏山古墳の石槨内を撮影した際のものである。この古墳は未盗掘の古墳時代前期の前方後円墳で，その重要性から石槨内部の様子を現状のまま写真記録として収めたいという要望があって撮影を行った。撮影は 2006 年（平成 18）3 月に初めて行われたが，その際はコニカミノルタの DiMAGE X1 という 800 万画素のコンパクトデジタルカメラを使用した。石槨内にカメラを挿入するための空隙が，幅 2 cm しか無かったことがカメラセレクトの制約となったが，有線により各種操作を行い撮影は

**写真 16** 2006 年の石槨内写真（大阪府高槻市闘鶏山古墳）

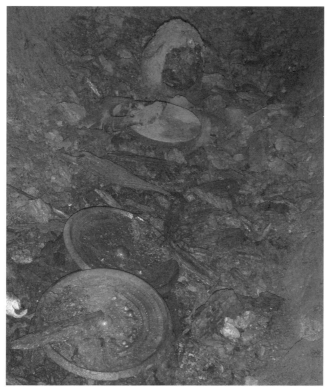

**写真 17** 2006 年の石槨内の副葬品写真（大阪府高槻市闘鶏山古墳）

成功した（写真 16・17）。

　2014 年（平成 26），石槨内の現状の様子をより詳細に把握するため，計測用の写真撮影と新しいカメラによる撮影を行うことで今後の調査の資料とする計画が持ち上がり，再び撮影の依頼を受けた。そこで新たに機材の選定をし直したが，厚みが 2 cm を切るカメラは既に販売されていなかった。だが，パナソニックの DMC-FT5（現在販売終了）というカメラであれば，外装部分を取り外して 2 cm 程度まで薄くなることがわかり，これを用いることになった。このカメラの画素は，前回の倍の 1610 万画素で，常用ISO感度も 3200 まで向上していた（前回は ISO200）。さらに Wi-Fi と同社のカメラ操作アプリを使えば無線リモート撮影が可能だったので，iPad mini を用いてラ

イブビュー撮影を行うことができた。わずか 8 年間のことだが，デジタルカメラと周辺機器は利便性の部分で驚くべき進歩を遂げており，得られた写真は前回と比べて格段に鮮明なものとなった（写真 18・19）。また，SfM（Structure from Motion）と MVS（Multi-view Stereo）と呼ばれる，Computer Vision 技術による 3 次元計測用の撮影図化も実施した。これらは全てデジタル技術の進歩の賜物である（詳細は『文化財写真研究 Vol.7』「Wi-Fi を利用したリモー

**写真 18** 2015 年の石槨内写真（大阪府高槻市闘鶏山古墳）

**写真 19** 2015 年の石槨内の副葬品写真（大阪府高槻市闘鶏山古墳）

ト撮影事例 ―中判高所撮影とコンデジ狭所撮影―」（栗山 2016））。

　二つ目として，現像・焼付け，あるいは印刷時に行っていた画像調整処理を細部の領域まで比較的容易に行えるようになる点を挙げたい。多少の知識と経験，倫理観が必要になるが，従来は現像時と焼付け時に行っていた明暗のコントロールがモニターを見ながら効率的に行えるようになり，しかも調査者＝撮影者＝画像調整者の図式で担うことができる。

　写真 20 は山中での古墳調査時によくみられるもので，樹木が調査区内に強い影を落とす例である。曇天時に撮影するというのが第一対処法であるが，調査の進行上どうしても晴天時にとらないといけなくなった場合，このよう

**写真 20**　樹影による明暗差（調整前）

な仕上がりとなる（日中シンクロするにも範囲が広範囲で回りきらなかった
り，スポット的に木漏れ日が入ったりする）。もし，このカットをフィルム
で調整するなら，露光オーバーで撮影して減感現像によってコントラストを
下げ，焼付け段階にコントラストの低い号数の紙を使いつつ，覆い焼きや焼
き込みを樹影に応じたマスクを各種操作してプリントすることになる。これ
は自家処理をしていても容易ではない。しかも，仕上がりは白黒写真のみと
なる。一方，デジタルカメラでは撮影した画像について，現像段階で明暗部
の調整を行い，続いて photoshop 等の画像編集ソフトを用いて細部の調整を
行う。この時，モニター上では，画像の拡大縮小表示や調整のやり直しが出
来るため，従来の時間と手間がかかった救済作業を微調整のレベルまで行う
ことができる。どの程度まで調整するかは，これまた目的を見極める知識と
経験が必要となるが，写真 21 程度であればカラーでも白黒でもさほど時間
をかけなくても仕上げられる。

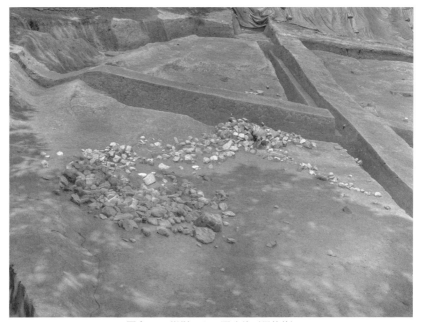

**写真 21** 樹影による明暗差（調整後）

　なお，ハイダイナミックレンジ（HDR）モードで撮る方法もあるが，考古学調査に適するものかどうか意見の分かれるところである。筆者は，カメラ設定で，ダイナミックレンジを拡張する程度にとどめるべきであると考えている。

　三つ目は，デジタル最大の利点であると思うもので，色の再現性の向上を挙げたい。フィルムではメーカーに始まり種類や現像方法，撮影時間帯などを制御することで正確な色の再現を目指した。しかしそこまで頑張っても，現像したフィルムは徐々に確実に変退色を始める。一方，デジタルはバックアップ等のデータの保存措置を適切に行うという条件が付くが，光源を選ばずに適正な色再現が可能で，それは原理的には退色しない。だが，そのためには撮影段階での約束事があり，色再現に関する基準色を写し込むことで簡便かつ高精度な結果を得ることができる。基準色を表示するカラーチャートは，価格も含めて様々なものが販売されているが，汚れやすい発掘現場では

買い換えが容易な反射率 18 ％程度の無彩色グレーカード（銀一）を使用して，
同一カットに 1 枚必ずカード入りのものを写し込む。

　使用方法は，写真 22 のように被写体に光が当たる角度と合わせてグレー
カードを写し込み，現像時に色温度と色かぶりを補正する基準とする。使用
法は『埋文写真研究 Vol.19』「正確な色再現を目指した DSC による遺跡撮影」
（中村 2008）や文化財写真技術研究会HP デジタル部会のコーナーでも紹介
している。正確な色再現を目的とするグレーカードの写し込みは，RAW 撮
影による現像処理を通して最も能力を発揮する。このため RAW 撮影を原則
とするが，たとえカメラ側で色調補正などが行われてしまう JPEG データで
あっても，グレーカードを写し込むことで，基準色を担保できるので有用だ。
デジタルの普及によりカラー印刷も安価になり，情報量の点からも発掘調査
報告書類のカラー化は今後一層進むものと思われる。その際に，正確な色の
再現は必要不可欠である。土色帳に基づいて，ある意味主観的に設定されて

**写真 22**　グレーカードの写し込み例

きた埋土や土層の色調決定を客観化できる点でも欠かせない機能だといえよう。

　このように埋蔵文化財写真術へのデジタル技術導入は，機動性や柔軟性，客観性や正確性などの点でフィルム以上の記録性をもたらすことができる。目的意識と倫理観を持ちさえすれば，これほど心強い援軍はないだろう。発掘調査現場ならではといえる瞬間的で唯一の記録を，写真として遺すことができるのである。本稿に目を通された皆さんには，あなたにしか見ることができない埋蔵文化財の様々な瞬間を撮影し，誰もが目にすることができるような写真記録として遺していってほしい。

## 2 遺物出土状況の撮影

　前節では発掘調査現場における写真撮影の中でも，遺構の撮影を中心に留意点を紹介した。次節では遺物の撮影についてポイントを述べようと思う。そこで本節では，両者の結節点にあたる遺物の出土状況の撮影について，掘り下げてみることにしたい。なぜなら遺構撮影であり，かつ遺物撮影の面も持つ出土状況の写真は，発掘調査報告書に掲載される扱い以上に重要な意味を持つのではないかと考えているからである。筆者は，信頼性や真正性といった調査の質を担保する写真の一つが遺物出土状況写真であると思っている。前節と重複する写真と内容を含むくだりもあるが，一連の流れを理解してもらうために欠かすことができないのでご理解いただきたい。

### 1. 遺跡撮影の中の出土状況写真

　埋写研の会誌『埋文写真研究』には基礎講座というコーナーが設けられている。基礎講座では遺跡撮影を扱ったものがあり，2号では元奈文研写真技師の佃幹雄が「遺跡の撮影」を書いたのが嚆矢となる（佃1991）。

　その後5号では，京都市埋蔵文化財研究所から奈文研に移った牛嶋茂が「遺跡の撮影（その1）」において，機材の選択やレンズの性質とその利用法について豊富な写真図版とともに詳述している（牛嶋1994）。当然，現在とはカメラやレンズラインナップは変わっているが，遺跡写真の条件から撮影の注意点や視点に至るまでが説かれており，この視点は今も有用である。7号では「遺跡の撮影　その2　～穴を撮る～」が，牛嶋と京都市埋蔵文化財研究所写真技師の村井伸也との連名で記された（牛嶋・村井1996）。冒頭，'その1'では「遺跡写真撮影で配慮すべきこと，遺跡写真としての在り方と条件，機材の選択，太陽の使い方による写真の仕上がりの違いなどを述べ」たとし，改めて内容を整理した上で遺構撮影事例を下記の10項目に分類している。

　1　全景・空撮（広い面の撮影と立地）
　2　穴（井戸・土坑等の穴遺構類）
　3　横穴（横方向の穴遺構類）
　4　断面（セクション）
　5　溝・河川の類（方向性のある遺構類）

6　建物の類（掘立・基壇建物の類，寺院・官衙・都城も含む）

7　窯（傾斜のある遺構類）

8　庭園・園地

9　遺物の出土状況

10　竪穴住居跡

　その後，8号では「遺跡撮影　その3　溝・河川を撮る」（村井・牛嶋1997），10号では「遺跡撮影　その4　断面（セクション）を撮る」（村井・幸明・牛嶋1999）がまとめられている。そこでこのシリーズは中断してしまったが，先の10項目のうち1・2・4・5の4項目が書かれていることになる。したがって本節でとりあげるのは，9つ目の項目となる。

## 2.　目指したい方向

　写真23から25は藤原宮跡内の発掘調査で出土した軒丸瓦の出土状況写真である。藤原宮が廃絶した後に宮期の瓦や土砂を盛り上げて造成された通路状遺構の一部で，平安時代にはこうした通路が屋敷地をつなぐ道路として機

**写真23**　軒丸瓦出土状況

写真24　瓦を敷き詰めた通路状遺構の軒丸瓦出土状況

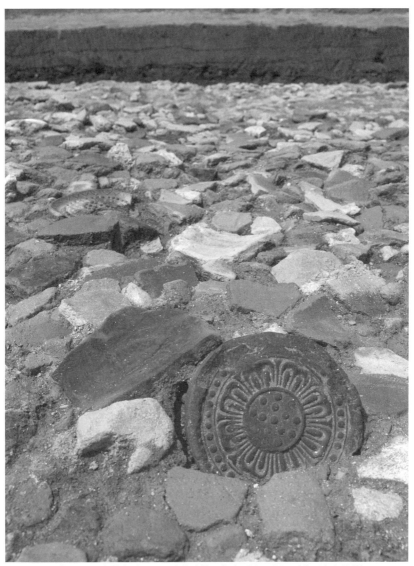

**写真 25**　瓦を敷き詰めた通路状遺構の軒丸瓦出土状況（藤原宮廃絶後）

能していたと考えられている（奈文研 2013）。すべて軒丸瓦をクローズアップしたものであるが，写真 23 は瓦溜まりの中に含まれる軒丸瓦とその瓦当文様をみせるカットである。軒丸瓦により近接したものも含め，典型的な遺物の出土状況カットといえよう。

写真 24 は軒丸瓦を主題としつつ少しカメラ位置を引いて高くすることで，周囲の瓦片が通路状に敷き詰められていることを示す意図を持たせたカットである。ちなみに横カットも撮影している。

写真 25 は写真 23・24 の意図も踏まえて背後の土層も写し込んだものである。土層セクションを写し込むことで，軒丸瓦だけでなく瓦敷の通路状遺構がいつの時期に属するかを示す証拠の一つになる。土層を写し込んだカットがなく写真 23・24 の写真だけしか撮ってなければ，軒丸瓦が示す藤原宮期の瓦敷遺構だと誤って判断された場合に反証する記録資料とはなり得ない。

発掘調査は土の堆積状況を検討しながら共伴する遺物を確認し，図面やメモを残しつつ進められるものである。それらが総合的に判断されていく過程で，時期決定を間違えるようなことはまずないだろう。筆者がここで述べたいのは，写真が記録の一翼を担うとするなら，遺構の帰属時期を保証するのに相応しいカットとはどういうものなのか考えてみようということである。

## 3. 写真の証拠能力

本節を記すこととした遠因の一つに，埋写研のテクニカルアドバイザーを務めていた井本昭の Photo Essay「旧石器発掘捏造事件と記録 後の検証に写真記録はどう関わったのか？」（井本 2001）の存在がある。それは世間を騒がせた一連の捏造事件の検証作業において，石器埋納遺構などの真正性を判断する重要な材料であるはずの写真記録が何一つ役に立たなかったというもので，そのことを井本が嘆いていた様子を直接目の当たりにしたためである。それに加えて当時発掘調査現場に出向くと，色々な人から冗談混じりに「埋めているんじゃないだろうな」など声をかけられることがしばしばあって，なにやら釈然としない心境になったことも影響している。今でもこの時の体験や心持ちは意識の根底にある。撮影時，そうした問いかけに反証できるような写真を撮れているか？と自問しつつ画角を確認していたりもする。

井本のエッセーでは，発掘調査における記録と写真のあり方について，厳

粛な問題提起と期待が寄せられている。筆者の目指す点でも少なからず影響
を受けているので、ポイントをいくつか紹介しておきたい。

　旧石器捏造事件については、井本は「調査記録から検証できなかったと
いう事態が大きな問題」と考える立場をとる。「石器の年代を云々する前に、
なにがどういう状態で出土したか、確実な検証と記録が先になければならな
い。その上で出土層の年代によって、遺跡や遺物の年代が特定される。」と
指摘し、「真贋が問われて検証できなかったということは、出土状態の確認
と記録が不十分であった」と断じる。さらに検証作業で写真が果たすべき記
録の役割についても「写真が他の記録手段と共に、どこまで証拠として採用
されるか大いに関心があった。しかし映像によって捏造の現場が明らかにさ
れたが、残念ながらというか、やはり発掘調査の記録写真は何も明らかにす
ることはできなかったようだ」と落胆してみせる。その上で「行政発掘の中
で記録とその保存が形骸化していること」を問題視し、「多くの調査機関が
検証できない写真を残している。記録にとって重要な役割を担う写真である
が、検証に耐えられる精緻な写真を見ることは希である」と嘆く。ただ、そ
れでも「優れた写真記録は、良い調査でなければ生まれないと確信」され「写
真を通して、良い調査の成果を見ていきたい」と望みを託している。

　追記では玉川文化財研究所を設立した戸田哲也の「調査にはルールがある
上高森遺跡の石器埋納遺構」(2001)が紹介され一読を勧めている。戸田は「遺
物出土写真というものは、地層に食い込んでいる部分を残しつつ、掘った土
はハケなどでていねいに取り去り、遺物の縁辺は竹ヘラなどでシャープに露
出させたうえで、掘り込みの壁、底面も本来の地層が新鮮にあらわれる状態
に削り出して写真撮影が行われる」と解説する。発掘調査の基本的ルールに
ついても「遺構を発掘する場合は、層位学的堆積（前後の年代との対比）と
遺構の層（実在の証明）が確認し得る証明手段を必要とする。その手段とは
作図された実測図のみではなく、写真による記録が絶対条件とされる。考古
学調査における写真の役割は、そのために写真記録班を別途編成しているほ
どの重要性を持っているのである」と説く。

　その上で問題の石器埋納遺構は、「土坑状の掘り込み面の証明が必要とな
り、そのためには土色の変化による埋納穴の平面確認状況とその検出面の所
属層位のわかる写真記録等が求められる」と指摘する。しかし、既公表の写

真では土層との関係性を確認できないため，写真記録類だけでも関係団体が公表すべきではないかと提案している。2000 年（平成 12）11 月 5 日の捏造発覚に対して，戸田の問題提起は 2001 年（平成 13）6 月 1 日，井本のエッセーは同年 7 月 6 日刊行なので同時期のものである。その後の検証により，疑惑のあった前・中期旧石器遺跡すべてが捏造によるものと判断される結論に至ったのは周知のとおりである。ただしこの判断は，新たな検証発掘調査や出土遺物の検討，関係者の告白に基づいて導かれたものであった。発掘業界では調査の‘記録写真’を標榜していたはずであるが，その言葉通りではない事例の存在が白日の下に晒されたわけである。

## 4. 遺物の出土状況写真とは

　写真で記録することに対する失望と期待を感じさせる両氏の言葉を紹介した。この期待に応えてみるため 3 パターンの遺物出土状況写真を示して，このことを考える材料を提示してみたい。

　前節でも紹介したが基礎的な事項でもあるので，文化庁編集による現行の『発掘手調査のてびき ―集落遺跡調査編―』（2010）掲載の「遺物の出土状況」に関する写真撮影の事項を再掲しておきたい。そこには埋写研や文写研の場も通じて積み上げられていった理念が集約されており，また前述した捏造事件に対する反省も踏まえているように感じるのは筆者の気のせいだろうか。

### 遺物の出土状況
　遺物の出土状況は，発掘作業の過程で数多く撮影される。また，遺物が脆弱で，取り上げれば時間の経過とともに形や色が変わる場合は，とくに出土状況の写真が大きな意味をもつ。遺物の出土状況の撮影では，次のような情報や撮影意図が表現されるように配慮する。
　　○床面などから浮いたものなのか，それとも密着しているのか
　　○どの土層中から出土したのか
　　○どの遺構にともなう遺物なのか
　　○関連する遺構からどの程度離れて出土したのか，遺物間の距離はいかほどか
　　○密集しているのか，まばらなのか
　　○すべてが同時期の遺物なのか，ほかと時期が異なる遺物が含まれるのか

土器や石器などの遺物をたんにクローズアップしてとった写真は，よい例とはいえない。それは発掘作業中での遺物写真にすぎず，出土状況を示す意味はない。遺物出土状況の写真は，情報量の多寡が重要で，撮影者の意図と認識が現れやすい。撮影意図が的確に汲み取れるものが，情報量が多い写真といえる。

　要約すれば，遺物の出土状況写真とは，埋蔵環境に関する情報が盛り込まれたものといえよう。被写体となる遺物はどのような堆積物の中に，どのようにして埋蔵されていたのか，あるいは遺構埋土の中からどのような状態で出土したのかという‘遺物の埋蔵コンテクスト’[註1]を明示できるかがポイントなのである。

### （事例1）土器埋納遺構の土師器出土状況（奈文研 2015）

　写真 26 から 30 は藤原宮大極殿院の調査で検出された土器埋納坑（平安時代）の遺物出土状況写真である。土坑内には土師器小皿が 26 枚以上重ね置かれ，その上に土師器甕を逆さに被せるようにして出土した。ところが甕の底部から頸部は後世の削平によって欠損しており，口縁部付近だけしか遺存

写真 26　土師器皿と土師器甕の出土状況（10 世紀末）

写真 27　耕作溝に‘勝つ’土器埋納坑の検出状況（平面プラン重視）

写真 28　土師器皿の厚みや土質を意識して逆光で撮影（立体感重視）

**写真 29**　土器埋納坑の土師器出土状況（藤原宮廃絶後）

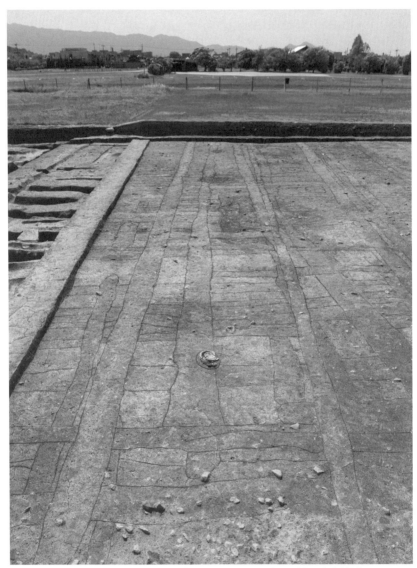

**写真 30** 立地環境の記録を意識した土師器出土状況（藤原宮廃絶後）

していない状態であった。このため本来の土師器皿の埋納数は，もっと多かったと考えられている。また遺構の重複関係からは，埋納坑周囲を整然と縦横に走る耕作溝を掘り込んで土器を埋納しており，耕作溝に‘勝つ’遺構であることを示すことも意識した。

写真26は遺物の埋納状況がわかる方向と角度から撮影した出土状況写真である。重なる土師器皿の枚数を数えることも可能なくらいまで近接している。土師器甕も頸部で欠損した逆位の状況と，その年代を表しやすい口縁部も写るような位置から撮影した。写真27は，同じ方向から少し引いて高い位置から撮影したものである。このカットでは出土の様子に加えて土器埋納坑と周囲の遺構がどのような重複関係（切り合い）にあるのか面的に記録することを意識している。写真28は，90度振った逆光位置に移動して重なる土師器皿の厚みを少し低い位置から写すとともに，遺構の帰属時期を決める根拠となる耕作溝遺構の検出ラインとの位置関係や高低差の記録を意識している。

写真29・30は「藤原宮廃絶後」であることを示すために表土から遺構検出面に至る土の堆積状況を写し込んだものである。出土した土師器皿は，土器編年から10世紀末のものであるという位置づけが可能である。しかし，土器埋納坑の時期はどうか。出土遺物から当該時期の埋納遺構という位置づけはできるが，上位部分が削平を受けているため，同時期か確定することができない。なぜなら土師器甕の口縁部近くに当該期の皿を納めてはいるが，すでに失われた甕胴部に新しい時期の遺物が入っていた可能性も皆無ではないからだ。検出に至る過程を図面や文章で相互に補い合うことで，帰属時期を絞り込んでいくことは可能である。しかし，筆者は写真単独でもそのような証拠性を持たせたいと考える立場をとる。出土層位や周辺遺構との関係性，さらには立地状況まで含めて写真に記録していくことが証拠としての力を持つことに繋がると考えている。‘藤原宮廃絶後’という表記に確実性を持たせるのは，写真29・30の存在があってこそというのは言い過ぎだろうか。

## （事例2）大型円形周溝墓の弥生土器出土状況 （奈文研2020）

奈良職業能力開発促進センター（ポリテクセンター奈良）の本館建て替えに伴う瀬田遺跡の発掘調査では，弥生時代後期末の大型円形周溝墓が検出

　された。この遺構は写真 31 のように陸橋を備えた前方後円形を呈しており，弥生時代の墳丘墓から纒向型前方後円墳への移行期を考える上で重要なものである。したがって遺物の出土状況に基づいた帰属時期の検討については確度が高いものであることはもちろん，それを裏付ける出土状況写真も十分なものでなければならない。ポイントとなる周溝部分は，調査区の関係から「西周溝」と「東周溝」に分けて整理検討されており，本稿で取り上げる東周溝の出土状況の記述は以下のとおりである。

　「ことに東周溝東北部からは完形品を含む土器が多数出土し，その多くが周溝外縁寄りの黒褐色砂質土からまとまって出土したものであった。東周溝の東肩付近（黒褐色砂質土中）からは転倒・倒立状態で，周溝の中央付近では圧壊した状態で出土した土器が多く，廃棄時の位置を概ね保っていると思われる。」（森川 2020）

　写真 32 は東周溝東北部を北側から撮影したものである。写真右側の高まりが墳丘の基底部で，周囲を巡る周溝の外縁寄りに遺物が集中していることが一目瞭然である。

**写真 31**　大型円形周溝墓検出状況（南西から）

**写真32** 東周溝の遺物検出状況（手前の排水溝断面のシルエットからも，周溝外縁部が周溝内側に向かって落ち込んでいく様子がみえる）

写真33・34は完形品もまとまって出土している東周溝東肩の遺物集中地点を撮影したものである。写真33では土層観察用畦を写し込むことで‘黒褐色砂質土’の層位から出土していることの記録を意図した。写真34では弥生土器がどういう姿勢で出土し，どのような器種がみられるかを記録する意図を持たせたものである。写真35・36は逆方向にあたる南側から写したカットである。重要な出土状況写真では，複数方向から記録することが調査

**写真33**　東周溝内の遺物出土状況（土層観察用畦を利用して出土層位も記録）

**写真 34** 東周溝内の弥生土器出土状況（溝の東肩付近で転倒・倒立・圧壊）

**写真 35** 東周溝の遺物出土状況（遺物が東肩近くにまとまる様子を強調）

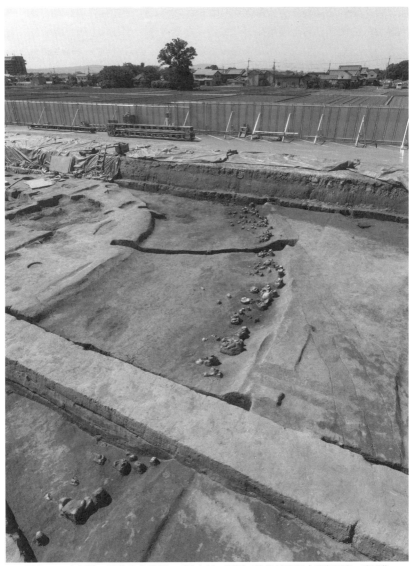

**写真36** 東周溝の遺物出土状況2（予定外の撮影で片付け不足も記録目的で撮影）

成果の真正性を高める上でも欠かせない。さらに，写真を見てわかるように
太陽位置の関係から土層用観察畦に適度な光線があたって土層を明瞭に識別
できるとともに，出土レベルを保って取り置いている遺物ブロックの単位を
強調するような陰影で写すことができる場合もある。

　写真 37 から 41 は，弥生土器であることが識別できる近接位置で撮影した
出土状況写真である。遺物の出土状況写真と聞いてまずイメージするカッ
トでもある。写真 37 は特に遺存状態が良いまとまりを写したものであるが，
同時に出土層位を写し込むことを意識した写真 38 も欠かすことができない。
写真 39 から 41 は，東周溝の溝肩近くで出土している弥生土器群を写したも
のである。周溝の東肩との位置関係について土の堆積状況も同時に写し込む
ことにより，出土層位も含めた複数視点からの検証に耐えられる記録を意図
している。もちろん見栄えがする遺物を，画角のしかるべき位置に配置する
ことも写真の伝達能力に直結するものであり，忘れてはいけない。

**写真 37**　東周溝内弥生土器出土状況（出土状態との一括性を記録）

写真 38　東周溝内弥生土器出土状況 2（東肩付近の一括性と出土層位情報を記録）

**写真 39** 東周溝肩部の弥生土器出土状況（遺物の多さとまとまりを記録）

**写真 40** 東周溝肩部の弥生土器出土状況 2（土器の転倒・倒立・圧壊状況の記録を意図）

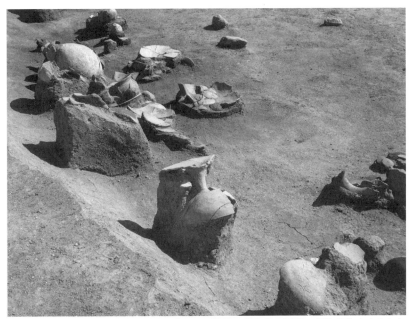

**写真41** 東周溝肩部の弥生土器出土状況 3（周溝が落ち込む肩際に遺物が集中することを記録）

## （事例 3） 藤原宮下層運河の動物骨出土状況 （奈文研 2017）

最後は，やや特殊な事例といえる運河からの動物骨出土状況である。藤原宮中心部には宮の造営に関係する資材運搬のための南北溝（幅 6〜9 m，深さ 2 m）が走っており，溝を埋め立てた後に大極殿などが造営されたことがわかっている。造営に伴う資材運搬には牛馬が使役されたと考えられているが，今回の動物骨は運河下層で全身がまとまらずに散乱した状態で出土した。とりわけウマの頭蓋骨はすべて割られた状態で出土しており，脳を取り出した上で短期間に集中的に廃棄されたことを示している。これは『養老律令』（757 年）の「厩牧令」で規定される，官の牛馬が死んだ場に脳や皮，角，胆のうを回収する行為が藤原宮を造営する 7 世紀末に遡ることを意味するもので，運河として機能した溝の性格を際立たせる遺物出土例となる。

発掘で掘り下げた範囲は幅 6.7 m，深さ 1.8 m，全長 6 m であるが，湧水も激しいことから迅速な調査が求められるものとなった。写真 42・43 は溝底

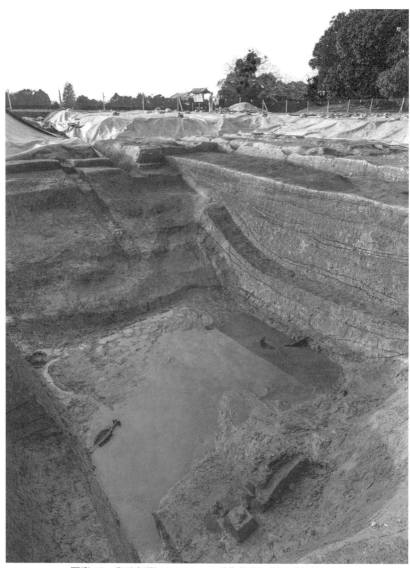

**写真 42** 藤原宮運河 SD1901A の動物骨出土状況（南東から）

**写真43** 運河に直交する方向からも撮影（東から）

まで掘り下げた運河SD1901A発掘地点からの動物骨出土状況である。湧水がみられる運河最深部だけでなく，東肩が落ち込んだ溝底からも遺物が出土していることを記録するため，全景写真的な意味も持たせつつ2方向から撮影している。

　写真44から47はウシ・ウマの下顎骨出土状況である。掘削深度が深いため，調査区の壁が立ちはだかって太陽の光を遮り影に入るため，ストロボを用いる日中シンクロ撮影で対処している。写真44は下顎骨特有の曲線を表現しながらそれぞれの歯を最大限写し込める位置から撮影した。写真45は縦カットに変えて，奥のウマの切歯（前歯）と下顎底部が立体的に見えるような位置から撮影した。写真46・47は運河の最下層から出土していることを示すために，調査壁と正対して撮影したものである。写真46が画角に対して骨を大きく撮るのに対して，写真47は出土層位の比定ができるように撮影した。

**写真44**　ウシ・ウマの下顎骨出土状況（日中シンクロで顎骨の曲線を表現）

写真 45　立体的な迫力を強調する方向から撮影（手前がウシ，奥がウマ）

写真 46　運河最下層からのウシ・ウマ下顎骨出土状況

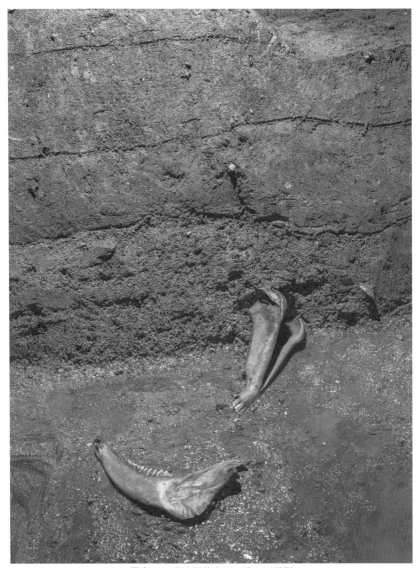

**写真 47**　出土層位を写し込んで撮影

写真48から51はウマの頭蓋骨が2箇所に分かれて運河下層から出土している状況を撮影したものである。写真48が調査壁と正対させて出土層位も記録したものである。写真49は上顎骨が裏返しになって出土している状況で写真50は2個体分の上顎骨が出土した状況の写真である。横カットで遺物を大きく画角に収めるのに対して，縦カットでは写真51のように背後の土層を写し込むことができる。

## 5. 遺物の出土状況が証拠となりうる発掘調査写真

どこまで丁寧に撮影するのかという点については，出土する遺物の重要性や検出される遺構との関係性による部分が大きく一概には言い難い。本節で紹介した遺物出土状況のなかでも冒頭の軒丸瓦は見栄えもするため，比較的撮りやすい。しかし遺物と同時期の遺構ではなく，後世に再利用された遺構に伴うものであることを写真で表すには，一工夫が必要であり，追加すべき

**写真48** 運河下層の動物骨出土状況（2箇所に分かれて出土）

**写真 49**　運河下層のウマ頭蓋骨出土状況（上顎骨が逆位で出土）

**写真 50**　運河下層のウマ頭蓋骨 2 個体出土状況

**写真 51**　出土層位を写し込んで撮影

情報も出てくるということを例示した。

　事例1の土器埋納遺構も同様のことがいえる。遺物自体は土師器皿と大部分が欠損した甕であるが，藤原宮廃絶後という時間軸の中だけでも重複する遺構との時期差を写真でその事実を裏付けするカットが無ければ，整合性が混乱することに繋がってしまう恐れがある。図面や記述でそれらを示すことも可能だが，そこに遺構の検出状況との関係性を示す写真が加わることで調査の解釈に対する説得力と真実味は増す。

　事例2の大型円形周溝墓の遺物出土状況については，墳丘墓から前方後円墳に移行する発展過程の時期差を示すことができるかが重要であり，その証左となるのが弥生土器の出土状況となる。その重要性は土器単体でなく周溝内での出土の仕方にあり，ほぼ原位置を保ちながらも紛れのない一群であることを示すことができるかがポイントとなる。

　事例3の運河出土の動物骨（写真52）については，（この場合に限らないが）出土遺物が帯びる歴史的意味は発掘時点ではすぐにわからないことが多い。ウシ・ウマの骨が出土する意味についても，「これまでの調査でもSD1901A下層から多くの馬が出土しており，造営中にたまたま死んだ馬を解体したの

**写真52**　遺物として撮影した藤原宮下層運河出土動物骨集合写真

ではなく，造営に利用した馬を一斉に屠殺して，脳，皮，肉などの資源を回収したのであろう」（山崎 2017）とする歴史像を結ぶには，調査の積み重ねと今回の出土状況との対比や文献史料との照合を経て論証されることになる。撮影時点でそこまで念頭におくのはさすがに神業といえ，発掘調査の持つ偶然性が壁を高くする。

　しかしながら，本稿で繰り返し示したように，遺物そのものの出土でなく，遺構との関係や出土層位との関係を明らかにする意識を持つことで‘遺物の出土状況が証拠となりうる発掘調査写真’を撮ることができると考える。検証に耐え，証明手段となる写真を撮るのは一筋縄ではいかない。

〔註〕

1) 奈良文化財研究所森川実さんのご教示による用語で，埋蔵環境あるいは埋蔵背景といえようか。写真を撮って記録するのは，遺物そのものだけでなくそれが埋蔵されるに至った前後関係や状況も含んだものであるべきだと筆者は考えている。

## ③ 出土品の撮影

　被写体として扱う際に一筋縄ではいかない最も厄介なモノの一つは，出土した考古遺物である。博物館に収蔵されているような，一定の評価が定まり，形状も安定した状態にあるものはまだ良い。しかし全国の埋蔵文化財担当者が日常的に接しているのは発掘調査によって出土した遺物で，これを資料・記録として撮影するにはそれなりの撮影技術の心得を必要とする。考えてみてほしい。土器や石器，金属器や木器という具合に材質からして多様である。しかもそれらは廃棄等を経て長年土中に埋没しているため，完全な形で遺存していることは少なく，どこかが欠損しているものが大半である。脆弱な状態で出土する場合も少なくない。考古遺物としての重要な要素である形状の変化は漸移的だし，地味な色味のものが大多数ときている。それに数も多い。にわかに心を躍らせることが難しくなってくるというものだ。そこで本稿では「写真表現」を切り口にして考古遺物を被写体とする留意点や写真で記録することの可能性を考えてみるとともに，心を躍らせるという素朴な感情も大切にしたいということについて述べてみたい。

### 1. 写真表現と〈存在感〉

　前述したように奈文研では，地方公共団体の文化財保護行政担当者を対象とした文化財担当者専門研修を毎年行い，専門的な知識や技術を伝達共有する場を設けている。多様な研修課程の中でも「文化財写真課程」は現在でも2週間，以前は1ヶ月あまりの長期間に及んだ名物研修の一つである。今は立場上，研修講師として伝える側にいるものの，20年以上前は逆に伝えてもらう立場にあったことは記しておかねばならない。私が受け持つカリキュラムには，座学「埋蔵文化財」や実習「写真撮影・処理」があるが，そこで意識的に伝えていることの一つに撮影に際して胸がときめいたり，心がざわついたりと心の揺れを感じとったなら，迷わずシャッターを切ってくださいというものがある。少し観念的になるが，カメラを構えて発掘調査現場や考古遺物と向き合った際に感じる心のゆらぎには，被写体が持つ何らかの存在感に撮影者の感覚が共鳴・共感していると考えているからである。考古学的な経験や知識の蓄積はもちろんのこと，極端なことをいえばそれまでの人生

の積み重ねが撮影対象に反応し，そこには写すべき普遍的な存在があるような気がしている。

　さて，写真で存在感を具体的にとらえようとするとこれが難しい。私が撮影技術を学んだお一人，元奈文研写真技師の井上直夫は，「存在感」について次のような見解を提示している（井上1995）。

> ・写真で物を表現するには，質感はもとより，〈存在感〉をも表現しなくてはならない。〈存在感〉のある写真とは「客観的で，質感，立体感をバランスよく表現した写真」このように私は考える。

> ・〈存在感〉を表現するにはどのような撮影方法をとったら良いのか，どの方向，角度で撮ったら一番良いのかを総合的によく観察し，ライティング等を含め十分プランを練ってから撮影しなければならない。

　いくつかの「感」が登場する。写真は3次元の立体物を2次元上で表さないといけないので，質や立体を擬似的に感じさせる表現を目指すことを求めるものだが，私は客観的に「感じさせる」には主観的に「感じる」ことも重視したいと思っている。また，〈存在感〉を表現するための秘訣として「総合的によく観察」「十分プランを練ってから撮影」を挙げられ，この二項目は奥深い内容を含んでいると改めて感じている。文末には「ただシャッターを切るのではなく，しっかりと対象を見て最良の写真表現をする必要がある」「表現力の乏しい誤った写真を多く並べるのではなく，対象そのものをいかに的確に表現するかは撮影者の腕にかかっている」と記す。考古学に対する写真の距離と価値，撮影者の責任の重さというものを考えさせられ，身の引き締まる思いがする。

　そこで次節では，写真表現の基礎である陰影を取り上げて，考古遺物の見え方・見方と存在感について私なりの解釈を例示してみることにする。

## 2. 陰影の塩梅

　考古遺物の写真は立面写真と俯瞰写真に大別でき，それぞれ集合写真や単体写真に派生していく。本稿では根源的で相違点を認識しやすい俯瞰単体写真を図示しながら，光の方向や使い方の「塩梅」によって遺物が持つ情報をどう表現すべきかということについて三つの事例で考えてみることにする。

## （1）須恵器甕外面の平行叩き目

　写真53から56は，奈良県明日香村にある石神遺跡の井戸（SE800）から出土した須恵器甕の体部片であるが，個体そのものに特別な意味はない。器壁を調整するタタキの凹凸の痕跡に対して，光軸を平行（写真53）・直交（写真54）させたものを左頁に，光軸を直交させて光源を高い位置に据えたもの（写真55）・低い位置に据えたもの（写真56）を右頁に配置した。それぞ

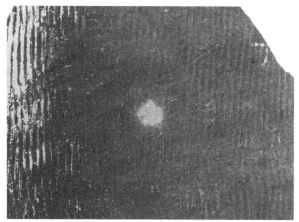

**写真53**　タタキの凹凸と光軸を並行させる

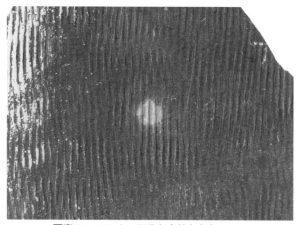

**写真54**　タタキの凹凸と光軸を直交させる

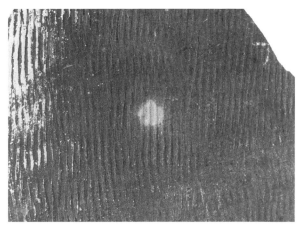

写真55　タタキの凹凸と光軸を直交させ，光源は高位置

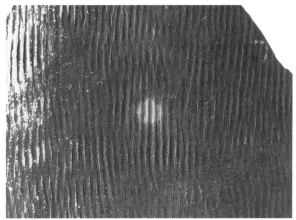

写真56　タタキの凹凸と光軸を直交させ，光源は低位置

れの違いを目視してほしい。

　まず写真53，54の左頁上下を見比べると，写真53は光線がタタキの山と谷の両方に沿って流れて凹凸が消えかけているのに対して，写真54はタタキの山にぶつかり谷に影が落ちていることで生じた凹凸をはっきりと視認できる。ちなみに光源の高さは同じである。写真では陰影やコントラストやメリハリなどの言葉で言い表されるこの凹凸は，考古学的には土器の成形・調

整痕跡であるタタキやハケメ，ナデやミガキといった土器の分類や個性を明示するために欠かすことができない表現点である。今回は俯瞰写真例であるが，立面写真でも表現すべき情報であることは言うまでもない。

　次に写真55・56の右頁上下を見比べると，光源位置が高い写真55より光源位置が低い写真56の方がタタキの痕跡が明瞭になっているが，タタキの谷に落ちる影が幅広になるため全体に暗く濃い傾向になっている。写真54・55・56は全て平行タタキに光軸を直交させているため，光源位置は写真55→54→56の順に低い位置にあることがわかるだろう。

　須恵器の存在感を出す上でタタキの痕跡を明示することは欠かせない。とすれば写真53は適切でないことがわかるが，どれくらいの高さの光源で光をあてて，どの程度の凹凸を出すかについては，この個体の個性をどう観察して評価するかによってくる。ここで「塩梅」の選択が生じることになる。「好み」といえばそれまでだが考古遺物を対象にする場合には，その特徴点をどれくらいの塩梅で表現するかに対して，知識とセンスが必要となる。

## （2）土師器杯底部外面の指頭圧痕

　写真57から60は，写真53から56と同じく石神遺跡の井戸（SE800）から出土した土師器杯の底部外面である。先の応用事例ということになろうか。視点としては，土師器の器形（底部であるが）全体を写して観察しつつ，その表面の凹凸情報が持つ意味を考える必要がある。土器製作の観点からアプローチし，この凹凸が何に由来しているか考え，その細部にはどんな痕跡が残されているのか。観察者＝撮影者は理解し，見えているのか。それをどう写し，表現するのかということである。ちなみに研究視点の観点からは，2021年（令和3）9月に奈文研ホームページのコラム作寶樓「古代人の指紋」（木村2021）で公開されているので，ご覧いただきたい。なお，写真57・58はアンブレラを用いているのに対して，写真59・60では光線を狭めて直線志向を強くするハニースポットを使用している。指頭圧痕の細部拡大写真は，2倍スケールである。まず全体形状を見比べ，続いて細部写真を観察することで光質の違いを感じ取ってほしい。

　右頁の写真57・58は，光質としては先の須恵器片と同じである。写真57が光源位置をやや高めにしているのに対して，写真58は相対的に低い位置

写真 57　アンブレラを使用し，光源は高位置（細部写真は実物の 2 倍大）

写真 58　アンブレラを使用し，光源は低位置（細部写真は実物の 2 倍大）

**写真59**　ハニースポットを使用し，レフ板を併用（細部写真は実物の2倍大）

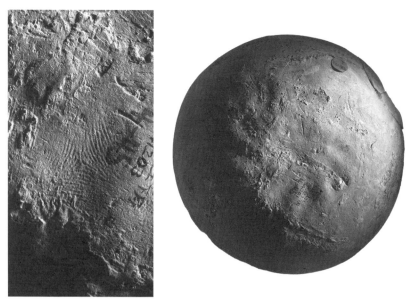

**写真60**　ハニースポットを使用（細部写真は実物の2倍大）

にあることがわかるだろう。その結果，写真58の方が表面の窪みがより視認できる。ただ，杯口縁部をみると光源位置に近い右上は，光が強めにあたって明るくなっているのに対してその延長上の左下部分は光が届きにくくなるので暗くなりがちになる。したがって右上にあたる光線を少しカットし，左下をレフ板等で明るさを補ってやることも状況に応じて必要になるだろう。さて，双方を見比べると写真57・58いずれの写真でも良いように感じるが，この窪みの中に土師器の成形・調整に伴う指紋が残されていることに気付くと状況は違ってくる。細部写真をみればわかるように写真58の方がより多くの情報量を持つ写真資料となる。指紋研究の可能性についてはここで言及しないが，形を作り出すことに伴う遺物の細部痕跡への研究は深まっている。このため，それまで気付いていなかったことが撮影時に視認できてより詳細に観察できるようになるなど，撮影を契機に新たな知見が得られる事例も増えている。

そして，細部写真では注記がやけに目立つ。「4-45」「841203」などの文字が今では研究対象となっている指頭圧痕上に書かれている。この遺物が出土した1984年当時では，底部外面の見えないところに注記しておけば間違いないという感覚であったと思われるが，40年あまり経ってこういう事態になってしまうことを目の当たりにすると，研究の先行きに対する見通しはどこまで持てばいいのかと少々恐ろしく感じる。

続いて左頁の写真59・60の細部写真をみてみよう。指紋の微細な凹凸とその方向を見定めた上で，光源位置を下げながら直線的な光を照射しているため指紋のシワの一つ一つまで観察できるようになった。底部外面の全体写真を見ても細部拡大箇所（※皮肉にも注記位置が場所を特定する目安になっている）に指紋があることを見つけることができる。ただやはり限界はあり，光を絞り込むために照射箇所は狭くなり，底部の全体形状を観察するには陰影が強すぎる結果になってしまう。同じスポット光写真である写真59と写真60の違いは，レフ板の有無にある。写真60では写真左下が暗くなりすぎるため，レフ板で少し明るくしてみたものが写真59である。上下を見比べると，レフ板を用いたことでスポット光を用いる目的であった指紋のコントラストが低下する方向にシフトしているのがわかるだろうか。レフ板を杯口縁部のカーブに沿わせて囲みこめば底部外周部分の明るさをもう少し調整す

ることはできるかもしれないが，それでも少なからず光が拡散しはじめてスポット光で強調している指紋の視認性が低下していくだろう。

## (3) 大刀の山形金物（唐草走獣文透彫金具）の彫金

　土器とは異なる鋭い稜線を持つ金属製品，とりわけ職人技のような加工が施されることも多い金工品を被写体にして，彫金加工痕跡を視野に入れた写真表現を取り上げてみたい。写真 61 から 66 は，高松塚古墳から出土した銀製刀装具で，覆輪と透飾金具（走獣文・唐草文の透彫り）を組み合わせる山形金物である。それぞれ分割された状態で保管されていることから，個別カットと組み合わせた状態にしたものについてその留意点を解説することにする。

　右頁の写真 61 から 64 は等倍のサイズにしたもので，写真 61 は覆輪，写真 62 は透飾金具である。覆輪は全体形状が山形であるだけでなく，横位から見ても山形に張り出す稜線を有しており，さらに表面を観察すると錆に覆われたところどころで銀の地金部分が露出している。これらを写真で表現するには，稜線を境に写真上下で明るさを変えないといけない。この時，上方は下方より明るくするのが原則である。なぜかといえば，それは地球と太陽の関係にあるからという壮大な答えになる。実際はそんな大げさなことではなく，普段私達は天からの太陽の光で物体を見ているからという単純な理由である。物体の下から光があたることを「おばけライト」とも呼ぶが，見る者に違和感を生じさせない自然な光線は上からあたる光ということである。文化財写真は，被写体に対する観察者の意識が集中できるように，違和感の元となるものは極力取り除いて自然に見えるように写すことを心がけているのである。話が少しそれたが，稜線を境に上方を下方よりも相対的に明るくするとして，地金の銀の部分をどう表現するかという課題がある。この覆輪は，銀の薄板を袋状に折り曲げた内側に透飾金具を収める構造になるため，仮に写真 63 から 66 のタタキのように陰影を強調することにとらわれすぎると，稜線下方が暗くなりすぎて覆輪内面と見分けがつかなくなってしまいかねない。それに銀地も見えなくなってしまう。そこで，レフ板を用いて上方からの光を相対的に弱めるよう反射させて明るくすることになる。これを適切に行うことで，稜線の描き分けと銀の地金を視認させることを両立できる

**写真 61**　アンブレラを使用し，レフ板を併用（等倍）

**写真 62**　アンブレラを使用し，レフ板を併用（等倍）

**写真 63**　アンブレラを使用し，レフ板を併用（等倍）

**写真 64**　アンブレラとハニースポットを使用し，レフ板を弱く併用（等倍）

**写真 65** 写真 63 の走獣文部分拡大（4 倍大）

**写真 66** 写真 64 の走獣文部分拡大（4 倍大）

のである。また，稜線に強めのハイライトをあてることができれば，金属製品独特のシャープな線を表現することが可能になる。写真62の透飾も基本的には同じことである。唐草文が持つ平面的な渦巻きと高低差のある彫りの深度，また走獣文の胴体と頭部の丸みや顔面の目・口・耳・鼻の部位を，ちょうどいい塩梅の光源高と角度それからレフ板を用いながら微妙な陰影で描き出せばいいのだ。

　ところが，覆輪と透飾金具を組み合わせて撮影する写真63と写真64では状況が変化する。覆輪が透飾金具の縁を内包する形状になるため，唐草文や走獣文の細かなライトコントロールの難易度が増すのである。写真63と写真64を見比べると前者は覆輪内に収まる透飾上部まで明るさを補い，かつ覆輪も写真61の写真に近いイメージで地金を写すようにしている。一方後者は全体にコントラストを強くしてメリハリをつけたもので特に走獣文をしっかり描き出す意図でライティングを行っている。ただしこれもさじ加減が必要で，覆輪の影が落ちる透飾が黒くつぶれないようにしないといけないし，稜線下半部分がそれよりも暗くならないようにしないといけない。なぜなら透飾上部には覆輪の影と光の陰がダブルで陰影がつくのに対して，覆輪には物の影が落ちるわけではないので，両方が同じ暗さになるとそれは自然な見え方ではなくなり違和感に繋がってしまうからである。もちろん，銀の地金部分をギリギリの明るさで見せることも必要である。

　左頁写真65はこの違いを比較するために走獣文部分を4倍のスケールでトリミングしたものである。上段が写真63の走獣文，下段が写真64から切り出したものである。両者の頭部を見比べると目元や口元，耳や顎の下，前足のつま先の様子がかなり違っていることに気付くだろう。この違いをライティング機材で説明すると，写真63はアンブレラとレフ板で撮影したのに対して，写真64はアンブレラと控えめに光をあてるレフ板に加え，写真57から60の指紋細部写真でも用いたハニースポット光を併用している。スポット光の照射方向は，走獣文の頭部右斜め上の低い位置からである。背景の光源とレフ板を除けば，全て1灯の光源で撮影していたが，写真64になってはじめてアクセントライトの役割で2灯光源を用いたということになる。

　デジタルカメラで遺物を撮影するようになって10年あまり経過した。この間，デジタル設計されたレンズの登場や画像センサーの性能が向上したこ

とで，研究資料として用いる写真に対してフィルムカメラが持つ精度は過去のものになってしまったと感じる。写真 65・66 の走獣文のように，等倍以上の縮尺で遺物を表示できるようになれば，肉眼での観察も及ぶところではなくなってきている。金工品研究について諫早直人は「形態や文様，装飾など‘かたち’を基準に分類していた段階から，製作技術や彫金など‘かたち’をつくりだす‘技術’にもとづいて，既存の分類体系を再構築する段階へと移行しつつある」（諫早 2016）ことを指摘している。写真 57 から 60 でみたような指紋研究もそうした延長線上に乗ってくるのだろうが，こうした傾向は考古遺物全般に広がる動きと考えて間違いないと思われる。したがって，写真で表現すべき存在感についてもこの精度に応えることができなければ，学術研究資料としての存在価値が不足することになるだろう。

## 3. 写真で文化財を表現する源流

　幕末に写真技術がもたらされ，明治の文化財調査や近代日本考古学の中で写真を利用し定着する初期の動きについてはⅠ章で紹介した。考古資料が学術研究資料であることについては異議のないところであるが，それを写し撮った写真もまた同様の性格を持つものであると考えている。その根底には壬申検査等を通じて培われた文化財写真撮影の影響がみてとれる。そこで，現在の文化財の写真撮影に対する考え方に影響を認めることができる坂本万七（1900 ～ 1974）の姿勢と評価を紹介しておきたい。

　坂本万七の業績については，白政晶子が掘り下げており，「1924 年～ 73 年に活躍した」ことや，「撮影した文化財は，美術の分野では，彫刻・絵画・陶磁器・民藝品など，考古の分野では，埴輪・土器などである。また習俗・建築・庭園・盆栽・伝統工芸制作などの撮影も多く，坂本の関心が，今日的な文化財概念全般に及ぶ広範なものであった」と紹介している（白政 2014）。

　また，文化庁美術学芸課文化財調査官（当時）の川瀬由照は「ライティングに特に注意し，客観性が保たれるよう，コントラストの強い光を出さないようにしている。坂本の撮影法はその後の学術研究の現場に大きく影響を及ぼしているように思われ，ほぼ同様なやり方でライティングがなされているといってよい。」と評価している（川瀬 2006）。

　さらに，東京都写真美術館（当時）の岡塚章子は「坂本万七の写真の特徴はそのライティングにある。」とし，坂本自身の言葉から「コントラストの強い照明を避け，光が全体に行きわたるようにし，シャドーの部分が完全につぶれないように撮影していたこと」を指摘している。またその理由として「実際に仏像を見た人の感覚に一番近づくように心掛けていた」と推測している。そして坂本の口癖が「学術と鑑賞の両面に使用しうる客観性の強い写真を撮ること，被写体に対する深い理解力をもつこと」であったことを紹介し，「彼の写真は芸術的であると同時に，学術的な資料としても大きな役割を果たしている」と評価している（岡塚 2000）。

　コントラストが強くならないよう，シャドー部がつぶれないよう，客観性を保って自然に見えるように撮影する坂本の撮影スタイルは，本稿で例示して述べてきた写真図版の撮影事例とも共通する部分が多いと思うがどうだろうか。ただ，コントラストに関する部分は，それこそ塩梅の問題になるが，使いこまれたり，土中にあって摩滅することが多い考古遺物の特質もあるので，強調気味に表現する傾向があるのかもしれない。ところで，私が坂本に共感するのは「被写体に対する深い理解力をもつこと」を述べている点である。美術出版社の『日本の彫刻』に関わる彫刻写真家の観点から坂本を取り上げた増田玲は，その撮影姿勢を理解する彼の言葉として「写真でなくては掴めない世界が有る」「被写体をして語らしめよ」「その物をよく知り，その物が，見る者に何を訴えたいかを理解する」と紹介している（増田 2011）。この言葉にも，親近感を覚え，勇気づけられる。増田は，こうした坂本の撮影姿勢を確立させた背景に柳宗悦の存在を読み取っている。奈良国立博物館で写真技師の職にあった佐々木香輔は，この柳の写真論を紹介するなかで「大事なのは見方である。理解である。美への直観である。私は器械三分，見方七分と云ひたい。」という部分を特に取り上げ，撮影者の重要性を提起している。「客観的撮影を心がける私たちが主張すべきは，撮影者の直観が写真にもたらすもの，そしてその重要性であろう。」（佐々木 2017）という佐々木の言葉は，学術研究資料として写真を考えていく上で核心を突いたものといえよう。

　写真 53 から 66 で提示した事例を踏まえると，これからの考古学研究の水準と要望に応える写真を 1 カットに網羅するのはどうやら難しそうな場合も

あるということに気付かされる。一枚の写真の中に出来うる限りの情報を盛り込むことは，記録写真に対する基本的な姿勢として正しいだろう。その一方でこれからの研究水準を充足させるには，複数の写真を用いつつ最小限度のカット数でその情報を表現し記録することも必要なのかもしれない。再び井上の言葉を借りるなら，「しっかりと対象を見て最良の写真表現をする」「対象そのものをいかに的確に表現するか」ということになり，個々の遺物が持つ情報を，その時代の研究視座に照らし合わせながら撮影していくことが求められるのである。その際には，撮影者自身の「直観」が鍵を握ることになるわけだが，筆者は「直感」も大事にしていきたいと考えている。

　最後に近代の偉大な考古学者と民俗学者がそれぞれ先の戦争末期の渦中という大変な時期にあって，同時期に同じ発行元から出された『寫眞科學』（1944年5月）『寫眞文化』（1943年9月）において，おそらく意図せずに共鳴した資料を少し紹介しておこう。

　東京帝室博物館に勤務しのちに明治大学の考古学研究室を立ち上げた後藤守一は，『寫眞科學』に掲載した「考古學研究と寫眞」において，野外調査・室内調査における写真の必要性とその工夫を自身が撮影した写真図版も用いながら解説している（後藤1944）。そこでは，「相當程度の努力」をしているもののなかなか思うようにいかない写真撮影に苦労し，時には「頭脳と技術の貧困の致すところ」と心中を吐露している。そうした実体験を開陳される中で私が興味を惹かれたのは次の一節である。

　**「さて遺物の整理が終ると，その實測圖もつくるが，寫眞もとる。私共は今までは，その部分の説明に便利であるやうにと念じて，それに都合のよい寫眞をとることに努めて来たが，併しその遺物が古代美術品の一つである以上，その美を現はすべき寫眞も必要であることを考へるようになつたのは，恥かしい話であるが，最近のことである。埴輪にしても，土器にしても，その美をつかみ出して之を人に寫眞によって傳へて行くことは，とうに努力しなければならなかった譯であるが，今迄の學者はその邊を怠ってゐた。(中略)残った凡庸のわれわれに何が出来る，寫眞の應用でも時代後れをしてゐるも當然だと自己辯護をして筆を擱く。」**

　有能な考古学者は多芸多才なはずだがそのような資質の有るものはもっと他の職で活躍しているはずで，そうでない「凡庸のわれわれ」が写真技術で

時代遅れになるのも当然と嘆いてみせる。しかし，遺物であっても「美を現はすべき写真も必要」であり，学者であっても「その美をつかみ出して」「寫眞によって傳へて行くこと」が撮影者であるからには努力すべきでないかとする境地にたどり着いたことは見逃せない。

　一方，日本民俗学を築き上げた柳田國男も写真に関心を寄せており，土門拳や坂本万七らとの座談会を『寫眞文化』の特集企画で催している（柳田ほか 1943）。そのやりとりは「柳田國男氏を圍んで　民俗と寫眞　座談會」として誌上報告されているが，「アマチュア技術」に関する参加者のやりとりが興味深い。遅れて出席した坂本万七に対し，アマチュア写真家への意見を求めるくだりが記されていて坂本は次のように答えている。

**「僕はアマチュアだから何をやつても宜い，アマチュアだから仕方がないと逃げるのは宜くないと思ふね。やはり自分の寫眞に對して責任を持つて貰ひたい。或る程度まで寫眞をやつて居る場合，アマチュアでも玄人でも寫眞人として一つのしつかりとしたものを持つて臨まなければいけないと思ひますね。」**

　撮影者である限りは何人も相応の心構えと責任を持たねばならないという気概と覚悟を迫っている。時期は前後するが，後藤の「自己辯護」は「宜しくない」ということになるのだろうか。後藤先生でさえもそのような立場になられてしまうのだから，現代の考古学に携わる我々のようなはしくれには……という心持ちになってしまいそうだが，ひとまず「努力」だけはしてみる必要がある。

## ④ 金工品の撮影

　考古学で写真を用いる目的は，質感・形状や雰囲気・臨場感を記録するためである。とりわけ遺物を被写体とする場合，材質感や立体感を表現することが重要であり，カメラアングルやライティングを工夫して撮影することになる。様々な素材が用いられる文化財は，姿形も多様で撮影方法を統一的に示すことは困難かもしれないが，撮影目的に立ち返ることで被写体に応じた「見方」があることに気付くことはできるだろう。

　ここでは金工品に代表される光沢面を持つ金属製品を取り上げ，写真記録の撮影視点を考えるものである。例示する写真は鍍金された金銅製の晋式帯金具（鉸具・帯先金具）で，龍文意匠を透かし彫りや蹴り彫りといった彫金加工技術を駆使して表現したものである。本来の撮影目的は，帯金具を中心とする金工品の出自や伝播について，スケール情報を持った彫金技術面から検討するものである。したがって，俯瞰撮影が主体となるが，遺物のまとまりやボリュームを示すために立面集合写真も撮影していることを付記しておきたい。

　概して俯瞰撮影とは平面的な写真と考えられがちだが，材質感や立体感が重要であることに変わりはない。特に彫金の加工痕跡は，平板な金属片に様々な技法や工具を駆使して凹凸を施すものであり，陰影によってそれらの痕跡を写さないといけない。このため，俯瞰撮影であるからといって，配光をフラットにして撮影対象面全体に光を満遍なく回せば良いというものではない。立面写真で表現する立体形状と同様に，俯瞰写真でも立体的な形状の表現は必要であることを指摘しておきたい。

　それでは，まず次節で鍍金された金工品らしさを表現する上で欠かせないキラキラ・ピカピカした光沢感を伴う質感表現に触れ，彫金加工がもたらす立体的な形状表現の撮影方法を紹介する。そして両者を融合させた見方も合わせて提示することで，金工品の写真表現について考えてみることにする。

## 1. 光沢感を出す，出さない

　「光」と「画」の合成語が photograph の語源であるとおり，写真は光とその副産物である影で被写体を描き出す。画像は，ある光源から発した光が被

写体に当たり，そこから反射した光がレンズを通してフィルムや撮像板に届くことで形成される。つまり，光を反射させる，あるいは写し込むことで被写体の質感が表現できるのである。前述したとおり，金工品の質感表現は光沢感の有無が「らしさ」の分岐点となる。

　そこで，「きらきらオーロラシート」（物理的な凹凸は無く，表面の円文が光を受けて乱反射）「単色おりがみ」（普通の金色折紙）を 100 均ショップで購入し，光沢感を撮り分けてみた。写真 67・68 が光沢感を出したもの，写真 69・70 が光沢感を無くしたものである。左側にそれぞれの撮影ライティング風景，右側に撮影した折紙をレイアウトしている。撮影は，後述する帯金具の撮影と同条件に揃えるため，35 mm フルサイズ一眼レフカメラに 105 mm のマクロレンズを装着して，PC リモート撮影を行った。光源はモノブロックストロボを用いて，入射光式露出計測定どおりの F11，レフ板無しで RAW データ撮影し，現像はカラーチャートのグレー部分による色温度調整による色調補正だけにとどめている。写真折紙の方の写真は，トリミングしているがカラーチャート白色部分の RGB 数値も 250±2 程度とほぼ同一露光条件である。

　左頁の写真 67・68 の折紙がキラキラと光沢感を持って輝いているのに対して，右頁の写真 69・70 の方は光沢が無く濁ったくすんだ色になっているのが一目瞭然である。この違いは，左側の撮影風景写真に写り込んでいる折紙でも確認することができる。このことから光沢・非光沢の違いは，光源位置と角度の違いにあることを読み取ることができるだろう。光沢撮影はカメラレンズに対して，被写体のオーロラシートや折紙に対してストロボ光が高い位置から当たり，鋭角に反射している。一方，非光沢撮影では，光源は被写体に対して低い位置から当たっており，反射した光の多くが三脚のある下手側へと流れる仕組みになっている。光沢感表現に重きをおくと，前者が勝っていることは言うまでもないが，非光沢の後者にも勝っている部分が実はある。それは，被写体の水平面に対して直交する光軸を持つことで，被写体表面の凹凸情報を写し撮ることができる点である。例えば非光沢のオーロラシートをよく見ると，下の方で横方向に擦痕が走っていることを視認できる。非光沢折紙についても，表面のわずかな凹みや折り傷に，黒い陰影がついている。購入後に出来るだけ傷がつかないように運んだつもりだが，販売時点

 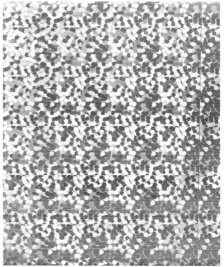

写真 67　光沢を出す撮影ライティング（ホログラムシート）

 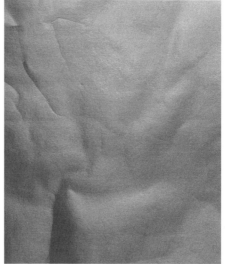

写真 68　光沢を出す撮影ライティング（単色金色折紙）

**写真 69**　光沢を抑える撮影ライティング（ホログラムシート）

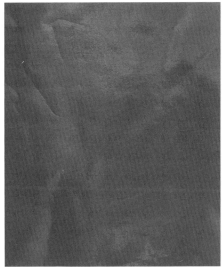

**写真 70**　光沢を抑える撮影ライティング（単色金色折紙）

でついていても不思議はないようなわずかな表面の凹凸を写し撮っているのである。光量を増やすことで，こうした表面形状を表現する写真に仕上げることが可能だ。これらのことから，光源位置と角度を調整することで，表面の質感に応じた撮り分けが可能であることがわかるだろう。

　なお，撮影全般に共通することではあるが，細部表現を必要とする場合も多い金工品撮影では，特にカメラブレとピントズレに注意を要する。これらを回避するためには，三脚を重く頑丈にするとともに，カメラに触れずモニターで拡大してピント合わせをするライブビュー機能である。

　実際の撮影現場での機材システムも補足説明しておこう。カメラは USB ケーブルで PC とつなぎ，Nikon Camera Control Pro2 を使って精密にピントを合わせ，PC でシャッターを切るリモート撮影を行っている。俯瞰撮影台は自作で，B4 サイズのファイルケースに 3 mm 厚のガラスと脚部にあたるノリパネと光を拡散したりカットするディフュージョンフィルターや黒紙を収納している。ガラスには建具に使うプラスチックレールを切断して張り付け，使用時にはレール溝にノリパネを嵌めれば脚部になる。背景光源にはスピードライトを使い，発光部には中国Godox社製のアクセサリーキットに含まれていた softbox を装着して，光を拡散させている。

## 2．質感を出し，形状を表す

　光源位置と角度の調整如何で，被写体の表面情報が異なるものになることを例示した。被写体をどのように見るべきなのか，研究者や撮影者の見方に即して意図を持ったライティングを行わないと，必要な写真を撮ることは難しい。金工品の光沢感を題材としてその一端を紹介しているが，考え方としては資料写真全般に及ぶものであることは言うまでもない。ここからはさらに一歩踏み込んで，ライティングによって変化する被写体の見え方の違いについて，実物の資料写真をもとに紹介していこう。

　被写体に対するライトの高さや角度をコントロールし，それに加えて光質を使い分けることで，金工品本体や彫金部分の陰影は変化する。その結果，写真から受け取る遺物の印象は随分違ったものとなる。前述した材質感や立体感よりもやや観念的な意味合いを持つ臨場感・雰囲気も含め，ライティングで表現する遺物の見方を晋式帯金具の鉸具を用いて，8 枚の資料写真と 2

枚の撮影風景写真によって解説する。

　写真71・72は，兵庫県加古川市の行者塚古墳から出土した晋式帯金具を撮影するために，加古川市文化財調査研究センターに出向いた時の撮影セットである。調査研究目的については，科研報告『古代東北アジアにおける金工品の生産・流通構造に関する考古学的研究』（諫早・栗山2018）で詳述しているのでここでは省略するが，同書の写真図版では，帯金具全体像を等倍，細部彫金痕跡を10倍,巻頭カラー図版を5倍スケールで掲載している。また，全体像と彫金の加工痕跡では，表現する内容が異なるため，ライティングを変えて撮影している。

　写真71は全体像を撮影した際のもので，彫金の加工痕が失われない程度に光を回しつつ，遺物全体を観察できるようにライティングしている。具体的には，径65cmの小アンブレラを使用して，必要最小限のレフ板で光を返して適度な陰影をつけている。

　写真72は彫金の加工痕を写し撮るため，近接しているものである。直線的で硬質な光を使うため光源にハニースポットを装着した上で，遺物の凹凸に対して直交するように当てている。これは，微細な彫金加工痕を陰影で強

**写真71**　帯金具全体像の撮影風景（光沢強調撮影時）

**写真72**　帯金具細部の高倍率撮影風景（彫金加工痕跡強調撮影時）

調し，彫りの種別や切り合い関係はもちろんのこと，遺物表面の擦痕まで観察することを念頭に置いているためである。ちなみに，ここで注意を払わないといけないのはレフ板の使い方である。鍍金された金工品は光の反射率が極めて高い。そこに直線的な指向性を持つスポット光を当てているため，鏡やノリパネといった反射率の異なる材質のレフ板を使い分けて，大きさや角度を微調整しないと一瞬で光が回りすぎたり，あるいは不必要な部分だけが光ったりしてしまう。被写体の部位にもよるが，この微妙なさじ加減は，細部のどこを写し撮るのか，言い換えれば遺物をどのように見ているのか，見たいのかという「遺物の見方」に収斂される。同じ遺物であっても，全体像と細部を写す写真では目的とする役割が異なるので，それに応じたライティングに意識を向ける必要があるといえよう。例えるなら実測図を書くように，遺物を観察する視点が必要であると私は考えている。

　次に，帯金具のバックル部分にあたる鉸具の写真73から80をみていこう。

　写真73から75は京都大学総合博物館が所蔵する伝中国出土帯金具の鉸具，写真76から78は加古川市行者塚古墳出土鉸具であるが，前者は鉸具の縁金が遺存するのに対して後者は出土時から欠失している。このため，同じ撮影

条件にしてライティング効果を確認しやすくするため，伝中国出土帯金具の方はあえて縁金を外した状態で撮影している。

　写真 73 は鉸具表面に施された鍍金の光沢感を出したもので，写真 74 はタ

**写真 73**　鍍金の光沢を重視した写真（等倍）<sup>（註1）</sup>

**写真 74**　彫金の加工痕跡を重視した写真（等倍）<sup>（註1）</sup>

**写真 75**　鍍金光沢と彫金加工痕跡の両立を目指した写真（等倍）<sup>（註1）</sup>

写真 76　鍍金の光沢を重視した写真（等倍）[註2]

写真 77　彫金の加工痕跡に加えて龍の体毛表現を強調した写真（等倍）[註2]

写真 78　鍍金光沢と彫金加工痕跡の両立を目指した写真（等倍）[註2]

**写真 79** 龍文前半身の彫金加工形状を重視した写真（5倍大）<sup>(註1)</sup>

**写真 80** 龍文前半身の彫金加工形状を重視した写真（5倍大）<sup>(註2)</sup>

ガネやノミによる加工痕跡を写し撮ることに重きを置いて撮影したものである。彫金技術から遺物の属性分析にアプローチする研究主題を尊重するなら，その目的に沿っているのは写真 74 ということになるだろうか。ところで，撮影を通して現物を実見し，ライティングをしながら観察しているうちに，金工品としての完成度の高さや遺存度の良さは鍍金面にも現れていると感じてしまうことがあった。このキラキラ感・ピカピカ感を写し撮りたいと，トキめいた（気味の悪い表現かもしれないが）ことから，縁金を装着した状態のものも含めて写真 73 の光沢感を強調したカットも撮影することにした。思いつきといえばそれまでだが，実物をじっくり観察することでさらにプラス α すべきカットがあると直感したら，時間の許す限り撮影しておくべきだと私は考えている。

　これらの写真はストロボ光にアンブレラを使ってやや硬めの光で撮影しており，これまで述べてきたように写真 73 は光線位置を高くして光を回し気味に当てているのに対して，写真 74 は光線位置を低くして直交気味に当てている。紙幅の都合もあって掲載を見送ったが，縁金を装着した場合には光源位置を下げすぎるとこの縁金の影が強く出るので，撮影時には鏡レフを使って強めの光を返しながら，龍文にかかる影の影響が最小限で彫金の凹凸が最大限に見える光線の高さと角度で撮影した。光沢感を出すために光源位置を高めにしたカットでは，鍍金が最も光る角度に光源を設定し，鏡レフで枠金の影を押さえながら，ノリパネを使った白レフにより鉸具全体に光を回して撮影した。

　写真 73 から 75 の 3 カットは，光沢を重視したもの，彫金加工痕跡を重視したものに加えて，光沢と加工痕跡の双方を視認できるよう質感と形状の両立とバランスを重視した資料写真的意図を持つカットを撮影している。撮影順は写真 75 →写真 73 →写真 74 であるが，特に写真 74 は縁金を外せたからこそ実現したもので，縁金の影の制約がないということで思い切った低い位置から光を当てることが可能となった。彫金工具の一打一打を視認できる角度と方向からライティングしたこの写真は，完形品としてみた資料写真の点では情報不足かもしれないが，研究主題を満足させる彫金の痕跡を明瞭に観察でき，それを記録する上でも欠かすことができない写真だと考えている。龍と向かい合う鳳凰や龍の前足，あるいは龍尾右側の縁金枠下部に刻まれた

蹴り彫りなどについて、写真73とは違った立体感を持った彫金加工痕跡として観察することができるだろう。

　続いて、写真76から78は行者塚古墳から出土した帯金具の鉸具である。この遺物は、出土後に保存処理が施されており、表面に少々不自然な樹脂光沢の影響がみてとれる。写真76が、鍍金の光沢感を出すことを重視したもの、写真78が光沢と加工痕跡の両立を意図したものである。写真77は彫金の加工痕跡を重視したものであるが、この遺物の場合、特に体部の風になびくかのような羽毛状の彫金表現に魅了されたため、これを際立たせたライティングで撮っておきたいと思い立ち撮影した。一般的な資料写真としてはハイライトが効きすぎているため、写真78が標準的なものということになるだろう。しかしながら、4世紀中頃から5世紀初頭にあって中国の中原起源とされるこの帯金具が伝える金工技術精度がもたらす往時のかがやき。資料写真とは少し趣を異にするが、臨場感のある雰囲気を感じられる写真として仕上がっているのではないだろうか。同じ遺物であっても、ライティングをコントロールすることで、これだけ印象や情報を意図したものに変えることができるのである。

　写真79・80は、写真73から75と写真76から78と同じ遺物でそれぞれの龍文の頭部前胴付近の5倍スケール写真である。光源にはハニースポットを装着し、スポットで直線的な光質を用いており、写真72のとおり遺物に対してかなり低い位置から光を当て、慎重に角度を調整しながら小さな鏡で光を返している。

　撮影にあたっては、施文単位で彫金加工の比較検討ができるよう陰影を出しつつ、可能な箇所についてはハイライトによる光沢を重ねて撮影した。2枚の写真を見比べると同じ龍文を持つ晋式帯金具の鉸具であっても、異なる部分が少なからずあることに気付くだろう。編年的には、写真79のほうが写真80より1段階古いとされているが、このスケールまでいけば写真を比較しながら細かな差異を指摘することも可能になる。例えば、同じ蹴り彫りでも一打あたりのタガネの幅や数はもちろんのこと、曲線を構成する方法や打撃に伴う刃先の滑らし方、目の描き方や円文の施文方法など、製作者の技量にも迫れそうだ。少し大げさにいえば、「意匠表現のために、効果的な彫金技術を、的確に駆使した工人の息遣いまで感じることができる写真」の記

録を目指したのだが，果たしてそうした臨場感や雰囲気を，写真から読み取っていただけるだろうか。

## 3. 研究視点を反映させる写真撮影

　本節で紹介した写真は，2017 年度（平成 29）まで奈良文化財研究所に在籍した諫早直人が日本学術振興会科学研究費の交付を受けて実施した研究成果の一部で筆者も関わったものである。したがって，金工品研究の最先端に位置付けられる研究視点を有したものとみても差し支えない。

　金工品の研究は「形態や文様，装飾など'かたち'を基準に分類していた段階から，製作技術や彫金など'かたち'をつくりだす'技術'にもとづいて，既存の分類体系を再構築する段階へと移行しつつある」（諫早 2016）とされている。これを再構築するための基礎資料として，「スケール情報を持つ高倍率写真から彫金を計測し，計測値を統計的にデータ化して，工房論，さらには工人論にまで進んでいく」（諫早 2018）ことが注視されており，今後は細部まで観察可能な客観的な資料写真を一貫した撮影技術で蓄積し，その成果に基づいて相互比較を重ねていくことが不可欠となる。

　研究の深化は，彫金技術を読み解いて時代性や地域性，さらには工人の個性まで読み解く段階に到達しており，これまで以上に写真が受け持つ役割は重要になっている。そうした研究上の要望に対して，本稿でも示したように，デジタルカメラを丁寧に用いることで汎用品による簡素な機材構成でも精緻な資料写真を提供することも可能になってきたのが現在の状況だ。

　それはそれとして，やはり重要なのは金工品を写真によってどのように表現するのか。質感や形状はどのようなもので，どう写真として記録するかという根源的な問いかけであろう。本稿では，質感と形状に加えて臨場感や雰囲気まで欲張って言及してしまったが，シンプルに質感と形状を写し撮る地道な作業の積み重ねは，金工品に限らず文化財写真全般にとって大切である。

　都合 14 枚の写真を通して，資料写真として基本的性質を備えたものから，特定の意図をもたせたものまでライティングに立脚した観点から金工品撮影を紹介した。その撮影方法は，簡単にいえば「高精細・高倍率を目的とするマクロ撮影」であり他の遺物にも応用できるものである。現在，考古遺物の研究は「かたち」そのものから「かたちを作り出す技術」を重視するように

なっている。その研究視点は，モノを作り出す工人や製作技術を読み解くことで社会的背景を明らかにすることにあり，金工品以外でも既出の図や写真では必要な情報を読み取れない事例も増えていくものと思われる。デジタルカメラの登場と進化は，こうした研究視点に応えるための高精度化に対する敷居を低くする点で大きな力を持つものと思われ，筆者もそうしたスタンスに立った写真の役割を考えている。撮影に際して被写体となる資料の性質や研究視座を理解しておかないと，見当違いの写真記録になりかねない。謙虚に遺物と向き合い，資料が持つ多面的な情報を見極めつつ，写真で表現できる範囲を念頭に置いておきたい。

　最後に，我が身で感じた高倍率写真撮影時の注意喚起を記しておきたい。それは，ホコリの付着である。すでに人間の視力ではついていけないレベルでピント制御を行っており，シャッターを切った時点では被写体に付着した糸くずやホコリを見逃す場合がある。そうすると視認できなかった微細なホコリを，撮影後のPCモニターで発見してガックリすることになる。消したり塗ったりしてはいけない文化財写真では致命傷になることもある。資料の保管状況によっては，事前にブロアーで吹き飛ばしたり，面相筆で表面を払ったり。少なくとも，撮影直後にカメラやPCの再生画面で確認することをルーティンにすればこうした悲劇を防ぐことができる。

〔註〕
1）京都大学総合博物館所蔵　伝中国出土帯金具（鉸具）
2）加古川市教育委員会所蔵　行者塚古墳出土帯金具（鉸具）

# Ⅳ．埋蔵文化財写真の活用例

## 1 湯舟坂2号墳プロジェクト

　2018年（平成30）の文化財保護法改正により，保存を重視する姿勢から観光を視野に入れた活用も重視する体制に移行する方針が示された。文化財を護り伝えるのは一筋縄ではいかないが，程度の差はあっても，ある時は保存，またある時は活用という場面が繰り返されるなかで今日まで保護されてきたのではないだろうか。様々な関わりを持つことが多い文化財であればあるほど，保存と活用の両面が混在しながら立ち現れることも少なくないだろう。

　そこで，本章では筆者が協力する機会を得た「湯舟坂2号墳プロジェクト」の取り組みを通じて，埋蔵文化財の保存と活用に関する事例と写真が果たせる役割について考えてみることとしたい。

### 1. プロジェクトの概要

　湯舟坂2号墳は，京都府北西部の京丹後市久美浜町（旧熊野郡久美浜町）に所在する古墳時代後期（6世紀後半〜7世紀中頃）の円墳である。今から40年前の1981年（昭和56），圃場整備に先立つ発掘調査によって丹後半島でも最大級の横穴式石室を持つことが判明した。残念ながら石室の天井石は失われていたものの，床面は埋葬時のまま埋没しており武器・武具・馬具・銅鋺・装身具・須恵器といった豊富な副葬品が出土した。

　副葬当時の状況を保っていた須恵器の出土状況と型式を検討すると，追葬の存在が示された。また，金属器を模倣した須恵器と共に銅鋺も出土していることから，丹後地方での仏教受容に伴う仏具導入の実態も明らかとなった。さらに，120本あまりの鉄鏃や7口の大刀・直刀，馬具は被葬者の性格を示唆するものとされた。大刀の中では，銀装圭頭大刀と金銅装双龍環頭大刀の遺存状態が良いが，とりわけ全体形状を保つ後者は黄金に輝く装飾大刀として貴重である。そして双龍の意匠を持つ柄頭は，この古墳の象徴的存在になっている。

　こうした調査成果を受けて，1983年（昭和58）には出土遺物が「丹後湯舟坂二号墳出土品」として国の重要文化財に指定され，遺跡は「湯舟坂2号墳」として京都府最初の史跡に指定された。その後，遺跡は地元の須田区が

慰霊祭や古墳祭りの機会を通じて住民に広く周知されながら地域に根ざしていった。一方，遺物は収蔵環境を考慮し京都府立丹後郷土資料館で保存されてきた。

　京都府立大学では，2020 年度の地域貢献型特別研究（ACTR）で「丹後半島における文化遺産の地域資源化に関する総合的研究」（研究代表　諫早直人准教授）が採択された。この総合的研究の柱の一つが，同大学考古学研究室と京丹後市教育委員会及び京都府立丹後郷土資料館が連携し，学術的価値と地域資源化を高めるために取り組んだ「湯舟坂プロジェクト」である。

　その内容は，調査後 40 年間に及ぶ考古学研究の進展を踏まえた出土品の再評価と，デジタル技術を活かした新しい考え方による遺跡と遺物の撮影や 3 次元計測を含めた実測図化であるが，それと同時に遺物の破損劣化を確認することも重視された。写真による記録については，発掘調査報告書に掲載された遺物単体の白黒写真以降に新たな写真が撮られてこなかったことへの対応と，近年諫早が取り組んでいる「スケール情報を持つ高倍率写真」（諫早・栗山 2018）に基づいた彫金技術研究水準に湯舟坂 2 号墳の資料写真を引き上げることを目指した。これらの各種調査検討を行った成果は，地元に還元するために成果報告の場を設けることも計画された。

　ここで特記しておきたいのは，やはり金銅装双龍環頭大刀である。1982年（昭和 57），この大刀と銀装圭頭大刀を含む金属製品は元興寺文化財研究所によって保存修理が施され，大刀 2 口については保管ケースに収められた。その後，環頭大刀の劣化がみられたことから 1999 年度に再修理が行われた。この時，アクリルフード付きの保管ケースが作られ，窒素ガスを封入した中に大刀を収める方式に変更された。したがって環頭大刀は 20 年ぶりに開封されたことになる。20 年ぶりの開封，発掘調査 40 年目の成果報告，偶然の巡り合わせというのは，こういうものなのだろう。

## 2.　活用と発信

### （1）事前調査

　湯舟坂プロジェクトは，文化財を保存しつつ地域資源にするための記録作業を積み重ね，公開や活用に繋げることを目指したものである。こうした成果はある程度まとまった段階で地元住民とも共有する必要があると考えられ

ており，成果報告会開催までが一つの区切りとなる。

　具体的なスケジュールは次のようなものであった。2020 年（令和2）9 月，丹後郷土資料館において，元興寺文化財研究所の塚本敏夫らによって金銅装環頭大刀と銀装圭頭大刀の開封作業が行われ，蛍光Ｘ線分析・デジタルマイクロスコープによる微小部観察・3 次元レーザー計測が実施された。開封と分析・計測に続いて，同館の第 1 研修室に順次遺物を運び込んで撮影を行った。撮影にあたっては，考古学研究室の菱田哲郎教授や諫早准教授に加えて学生有志や卒業生も駆けつけるなど，研究室総動員体制で開梱と撮影対象の選別に尽力していただいた。また，京丹後市教育委員会の文化財担当者も随時立ち会いながら，保管状況のチェックが行われた。撮影後には入れ替わるようにして再密封が行われた。この間 2 週間あまりである。

　翌 10 月，好天の日を見計らって現地に出向いて湯舟坂 2 号墳の全景撮影と石室内等の細部撮影を実施した。あわせて近隣に所在する須田平野古墳についても，墳丘と石室の撮影を行った。須田平野古墳については同日に学生が主体となって SfM/MVS による 3 次元計測図化用の撮影も実施していた。ちなみに，湯舟坂 2 号墳でも（株）相互技研によって 3 次元モデルが作成され，VR にも展開されている。

　以上のように 2020 年（令和2）秋に集中調査が行われ，その成果を速報的に地元に伝えるための報告会が企画された。予定日は年が明けての 2021 年（令和3）1 月 23 日とされた。

　ところで，10 月の遺跡撮影時には，前月に撮影した環頭大刀の等倍や柄頭部分の 10 倍プリントを持参したのだが，地元須田区次期区長さんが見学に来られ，撮影成果について話が弾んだ。その後区長さんがデザイン会社を営んでおられることがわかり，成果報告会に関わるポスター・チラシ類や発表資料集の表紙デザイン等をご協力いただけないか相談し，快諾いただいた。筆者が撮影した写真を提供し，諫早と教育委員会担当者，区長さんの 4 者が中心になって基本デザインのやりとりが年末年始に行われ，チラシについては，地元の全戸投げ込みも見越して白背景のものも別途作成するなど細かな気配りをしていただいた。

　発表資料集の編集も急ピッチで進められたが，新型コロナウイルスの感染拡大が予定を狂わせてきた。第 3 波に伴う京都府の緊急事態宣言が 1 月 14

日に発令され，準備を進めていた成果報告会は日程未定のまま延期となった。このため写真 81 のとおり，発表資料集の表紙から期日を示すものは無くして，裏表紙に発行日だけを入れ延期にも対応出来るようにした。

　その後，第 3 波終息を確認して関係者間で再調整が行われ，5 月 29 日に開催することに決まった。2021 年（令和 3）は発掘調査 40 年の節目の年である。本プロジェクトによって新規撮影写真などを含めた新資料が増加したことから，府の丹後郷土資料館と市の丹後古代の里資料館で 40 周年を記念した展示が 4 月 24 日から開催することが計画された。成果報告会も当然これを見越して会期に重ねるように日程を定めた。

　ところが，また新型コロナウイルスの感染拡大が予定を狂わせてきた。第 4 波である。京都府下は 4 月 25 日から宣言発令となり，上記 2 館は開催翌日に休館に追い込まれた。もちろん成果報告会も延期となった。しかし，諫早は諦めない。「2 度あることは 3 度ある」か「3 度目の正直」かどちらに出るかわからなかったが，再延期日程は 7 月 24 日に設定された。これは連携する丹後古代の里資料館の企画展が，8 月 1 日まで会期延長（写真 93）されたことも踏まえたものである。結果，端境期のようなタイミングで宣言が解除され，開催された。

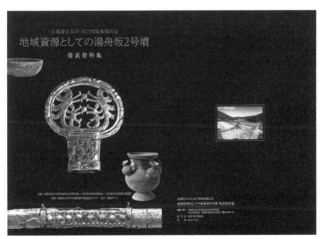

**写真 81**　成果報告会の発表資料集の表紙と裏表紙

## （2）成果報告会

　成果報告会は，2023年（令和5）までに計3回開催されている。ここでは
ひな型となった第1回目の成果報告会を少し取り上げておきたい。そもそも
成果報告会は地元の皆さんへ成果を周知し，その価値を再認識していただく
目的を持っていた。このため，遺跡のある旧久美浜町役場庁舎（現京丹後市
役所久美浜庁舎）の大会議室を会場とした。

　報告会は①講演・報告（写真82），②学生解説による写真パネル展（写真
83），③相互技研の内山幹夫に出向いていただいての石室VR展示，④丹後
郷土資料館（当時）の森島康雄による出土遺物4Kディスプレイ展示解説（写
真84）で構成された。①では当時の発掘調査担当者である元京都府教育委
員会の奥村清一郎の基調講演が行われた。会場には当時の発掘作業に関わっ
た方も駆けつけておられ，懐かしい雰囲気となった。また3つの報告には筆
者も加わらせていただき，「再撮と新撮 ―写真で挑む湯舟坂2号墳―」と題
して発表を行った。

**写真82**　7月成果報告会の広報物（延期3度目）

**写真 83** 成果報告会 写真パネル展の様子

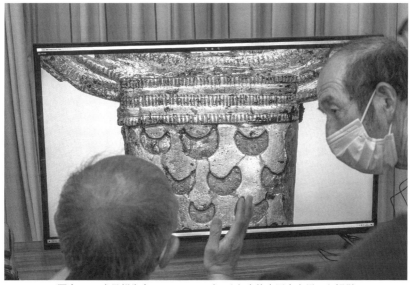

**写真 84** 成果報告会 4K ディスプレイと高倍率写真を用いた解説

　ここで特に紹介しておきたいのは，②の学生解説による写真パネル展示である（写真86）。遺物および遺跡での撮影を通じて直接学生と言葉を交わしながら手伝ってもらったこともあってか，撮影した写真に対する思い入れをそれなりに持ってもらえたように感じた。環頭大刀の実大プリントや柄頭部分10倍引き伸ばしプリントを直接目にしてもらったことも，大きかったのかもしれない。そこで，会場での写真展示を学生に行ってもらうことになり，写真のセレクトから解説の内容，キャプションの内容や掲示位置まで主体的に担ってもらった。こちらからのサポートを最低限に留めたこと，また2度の延期に見舞われたことも逆に功を奏して十分な時間を費やすことができたようで，最終的には写真85のような解説リーフレットまで学生が作成する状況になっていった。驚かされたのは，好きな写真に投票する仕掛けを前日に思いついた学生が写真87のような手作りシール投票板を作って持ち込んできたことである。さらに文化遺産の活用に関する取り組みをテーマに卒論をまとめようとする学生もおり，写真88のような来場者アンケートも行っ

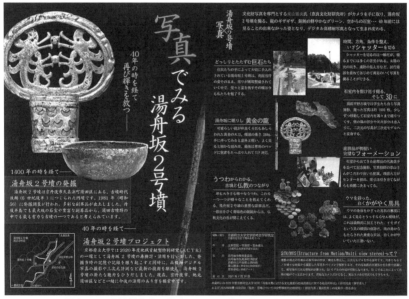

**写真85　成果報告会　学生による写真パネル展用リーフレット**

**写真 86**　成果報告会　学生による写真パネル展示解説

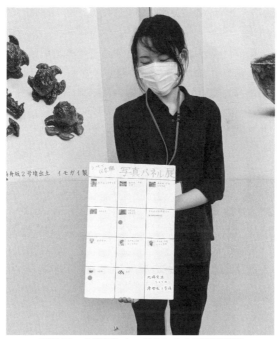

**写真 87**　成果報告会　学生による写真投票板

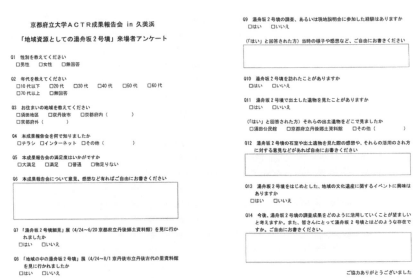

**写真88** 成果報告会　学生による来場者アンケート

ていた。四半世紀前になってしまった自分の学生の頃を思い返すにつけて，その姿勢の違いに驚愕するばかりであった。

　成果報告会の内容について多くを語るのは紙幅の都合もあって無理だが，今回撮影した写真が広く使われていることがわかるだろう。印刷物としてはもちろんのこと，写真パネルとして，あるいはモニター展示画像。各所各人の様々な使用条件に応じることができる，自由自在な可変性を持つデジタル写真の特性がうまく発揮できたものと考えている。適切なライティングを施した写真を撮れば，実物以上によく見え，観察できるものになると私は考えている。今回のようなアクリルケース越しにしか見ることができない遺物の場合に，そのメリットはより大きなものとなる。専門的な視点を持っていない一般の方々に遺跡や遺物を興味深く感じてもらうには，撮影側でそれらの特徴点をしっかり写し込む必要がある。

## （3）成果の連携展示

　第3波の影響をまともに受けてしまった丹後郷土資料館の企画展「湯舟坂2号墳細見」（写真89・90・91）と丹後古代の里資料館の企画展「地域の中

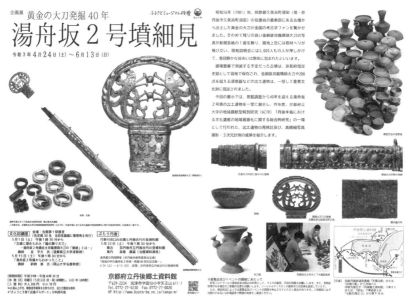

**写真89** 京都府立丹後郷土資料館「湯舟坂2号墳細見」の広報物

**写真90** 同上 展示会場で配布されたA3版展示解説

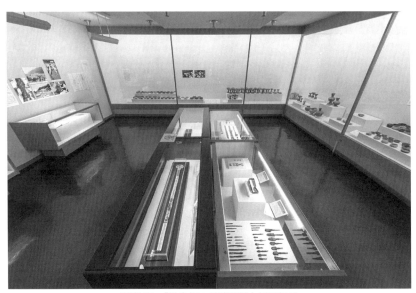

**写真 91** 「湯舟坂 2 号墳細見」展示風景

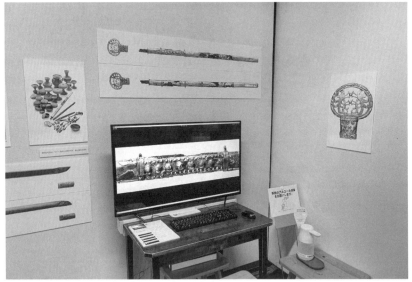

**写真 92** 「湯舟坂 2 号墳細見」会場での 4K ディスプレイ展示

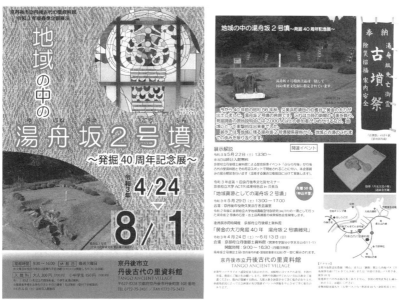

**写真93** 京丹後市立丹後古代の里資料館「地域の中の湯舟坂2号墳」広報物

**写真94** 「地域の中の湯舟坂2号墳」展示風景

の湯舟坂2号墳」（写真93・94）は,それぞれ連携展示（4月24日〜6月13日）として同時開催されたので紹介しておきたい。前者は遺物を寄託収蔵する京都府,後者は遺跡が所在する京丹後市の運営によるものであるが,共に湯舟坂プロジェクトを進める機関でもある。両展でも新たに撮影した成果を積極的に使っていただいたが,特に丹後郷土資料館では撮影成果を来場者に存分に見せたいとの配慮から,新たに4Kディスプレイとパソコンを購入して画像を自由に拡大縮小して閲覧できるコーナーが設けられていた（写真92）。お気付きのとおり,このコーナーはご担当された森島さんが成果報告会へ出張展示いただくことに繋がっており,報告会ではその豊富な知識と軽妙な語り口が相俟って,モニター前に長居される人も多くみられた。地元の方々に学術的な価値も含めた魅力が,目と耳で伝えられていることを心強く感じた出来事であった。ちなみに展示リーフレットには「肉眼では見えない細部の観察が可能であり,記録写真にとどまらず,研究にも使える写真」と評価していただいており,撮影した甲斐があったと胸を撫でおろしている。

## 3. 保存と記録

### （1）保存することと記録化について

　これまで紹介してきたように「活用と発信」における写真の役割は,それなりに大きな位置を占めていることがわかるだろう。それと同時に,記録写真として撮影したものが研究資料としての役割を担うこともあることがわかる。私達は「写真は撮影した時から文化財」ということを肝に銘じているが,それはデジタル写真になっても同じで,高精細写真を謳うなら当然のことである。

　ところで,湯舟坂2号墳発掘調査報告書掲載の遺物写真は,京都大学や京都府などで長年撮影に従事され,晩年は埋蔵文化財写真技術研究会初代会長を務められた高橋猪之介先生が撮影されたものである。当時のフィルムは残念ながら実見できておらず,機会があれば是非この目で確認してみたいと思っている。それはさておき,遺物単体のカットは猪之介先生の写真が存在するので,今回はカラー写真を必要とするものや集合写真を主体に撮影した。遺跡についても,通常の発掘調査に用いる記録写真と同じ機材を用いて,同様の水準・視点で全景・遺構撮影を行った。報告書に掲載されたカットと同

じ位置からも撮影し，従来の写真を補強するイメージで取り組んだ。この結果，当時の写真は白黒写真が基本であるが，そこにカラー写真を加え，さらには空を写し込んだ各方向の全景写真を追加することができた。しかし，遺物の出土状況など発掘時しか撮り得ないものは当然ある。記録写真の重要性はやはりこういうところにある。

　湯舟坂プロジェクトに伴う調査を進める中で，ひとつの印象的な出来事があったので紹介しておきたい。写真 95 は湯舟坂古墳の墳丘断面をはぎ取りしたものである。40 年前の発掘調査時のもので，2 分割されたそれぞれを繋げると，3 m 四方にもなる巨大な代物である。プロジェクト開始当初，この

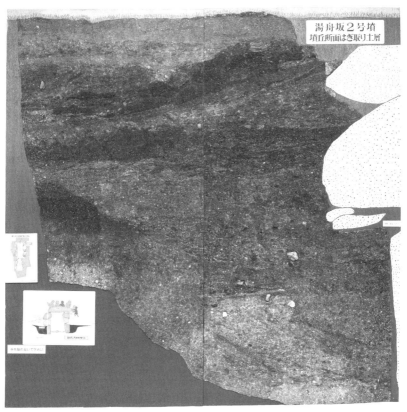

**写真 95**　湯舟坂 2 号墳墳丘断面はぎ取り土層

はぎ取り土層が発掘調査の概要報告に掲載されていることが目についた。なぜかといえば，筆者が所属する奈良文化財研究所の協力のもとで土層断面をはぎ取ったとする記述があったためである。地元で保管しているのなら，後のイベントで公開できたら素敵ですよねということで，現在の保管先について何気なくたずねた。結果的には，丹後郷土資料館の機械室内の隙間に分割抱き合わせの状態で保管されていたのだが，当初はどこに収納されているのかわからず捜索が必要であった。前述したようにその大きさが展示場所確保への困難さをもたらし，一方で収納するにしても通常の収蔵庫には収まり切らないので，気付いた時にはどこかへ仕舞い込まれていく性質のものだと感じた。だが，遺跡の直接的な情報を伝える資料であり，撮影することで今後の活用に活かす可能性を作っておきたいと考えた。そこで 1/2 大のパネルにできる解像性を持たせた精度を想定して撮影した。現物の大きさが災いして館内展示では適切に照明を当てるのも難しく，土層の堆積状況を目視しようにも上部は見上げる形になってしまうのでよく見えない。それが撮影したことによって，分層して見分けることも可能なほどの明瞭さで視認できるようになった。今後は，写真パネルやモニターなどでも気軽に目にしていただく機会も増えるだろう。

## （2）記録の精度について

　前章で金工品の撮影事例を紹介したが，今回の装飾大刀についても同様の観点で撮影を行った。その写真を逐一掲載する余裕はないが，象徴的な遺物である金銅装双龍環頭大刀の柄頭を取り上げて，記録の精度を考えてみたい。

　発掘調査が行われた 40 年前と現在の記録精度を比べると，学術的な内容の深化もあって求める精度が高くなっている。特にデジタル技術の浸透によって，写真と図化のそれは精度を向上させている。40 年の時間は当然技術的な差異を生じさせてはいるが，それを差し引いたとしても，当時の発掘調査報告書の価値を失わせるものではないことをここでは強調しておきたい。

　諫早は「デジタル技術を利用した金工品の実測図作成法試論」という論考（諫早 2021）の中で，環頭大刀の写真と実測図の比較を行っている。そこから転載したものが，巻頭カラー口絵 1 である。図中の①報告書写真は，前述

した高橋猪之介によるもの。②報告書実測図は，岡山大学名誉教授の新納泉先生によるものとされ，諫早は「いずれも当時において最高水準の写真，図面であり，その価値は今もまったく色あせていない」と評価している。下段は今回のプロジェクトの成果で③は筆者が撮影したもの，④は元興寺文化財研究所の塚本らが３次元計測図化したものである。

　それぞれに40年間の歴史の移り変わりが凝縮されており興味深い。これらを一体の図像と考えて比較検討することで見えてくるものもあることが先の諫早論考で紹介されている。筆者も写真技術の観点からこのことを考えてみたことがあるので，機会があればご一読いただければと思う（栗山2023）。

　さて，遺物の背景紙については文写研だけでなく奈文研研修でも白色や無彩色を推奨してきた。その理由としては，資料写真としての性格に起因していることが挙げられる。しかし，数十年前の遺物写真を見ると，赤や青や緑といった色付きの背景紙や展示台において撮影したものを見かけることがしばしばある（現在も時々見かけることがある？）。目を惹くという点で色バックは効果的であるが，資料に色カブリを発生させてしまう弊害がある。１枚の写真の中では目が馴染んでしまって，見極めるのがやや難しいため，切り抜いてみたのが巻頭カラー口絵２である。赤い背景が，遺物周縁部の金地に反射して朱色に染まっていることがわかる。記録写真，資料写真，研究のための写真といった観点でこの写真を観察すると，やはり正確な色再現の部分で不都合を生じさせている。こうした点を改善するため，今回は巻頭カラー口絵１-③や巻頭カラー口絵３のように背景を白くとばした写真を撮影している。もし，どうしても色付きのバックにしたければ，背景に任意の色をレイヤーで重ねればよい。

　人間の手と方眼マス目の大きさ，ペン先の太さの制約を受ける実測図化では細部表現の精度に限界がある。米粒にお経を描くような技術は，そうそう身につけられるものではない。この点，３次元計測図は精度の客観性を担保でき，表現方法はともかくとしても計測条件を変えることで細部図化も容易である。

　それぞれの時代で求められる精度は違ったものであるのかもしれないが，「高品質の写真画像を得るために，最善の方法を講ずる」という文化財写真

規範の精神で，その時々の記録化に臨むこと。それが将来の比較検討の俎上にも載せられることに結びつくのであり，保存と記録の王道なのだろう。

　成果報告会に出土遺物は持ち込めなかったが，写真や計測図化した記録資料類のおかげで，たとえ地元に遺物が無かったとしても利活用が可能であることを示すことができた。これは研究の観点でいえば，日本国内はもとより海外の考古資料にも当てはめることができよう。本記録資料を同じ精度で積み上げて共有することができれば，今よりもっと大きな枠組みの中で研究され，新しい成果を生み出す可能性につながることを指摘しておきたい。

## (3) 発掘調査の成果を伝えるために写真ができること

　発掘調査をきっかけに地域に根ざすことになった文化財。これを改めて再確認して評価しながら，多角的に取り組む事例を紹介した。活用と発信，保存と記録の相関関係について，私が協力させていただいた写真に関する部分だけをみてもそれなりの役割を果たしたことを感じ取っていただけただろうか。

　ここまで集中的に行うには，諸条件が重なり合って共鳴する必要があるが，その成果ほどには費用はかかっていないように思う。中心的な役割を果たす人と支える人々や組織，共に事業を進める行政担当者と機関，そして受け入れる地元住民や自治会。これらが互いに連携し，協力しそれぞれの場所でメリットを見つけることができたから成立したのだろう。

　湯舟坂プロジェクトに多くの人が参画したのは，京都府立大学考古学研究室の長年にわたる人的・研究的交流の積み重ねの上に立っているのは間違いない。もちろんそこには諫早の研究ネットワークも介在する。また，市町村合併によって久美浜町が京丹後市に移り変わった中，久美浜を代表する遺跡と遺物に対する評価を現代的な視点で問い直し，位置付けし直すことは，地元行政機関と住民の皆さんにとっての活性化資源になるものである。地域の誇りと埋蔵文化財は親和性が高い。

　官民一体で取り組む事業や官学で取り組む事業はしばしば見かけるが，学が中心にあって，民と官を橋渡ししながら文化財の活用と保存を一緒に進める取り組みは珍しいのではないだろうか。文字通り「民学官」である。活用や発信を中身のあるものにするには，人の協力と地域の思いは欠かせないだ

ろう。保存と活用が車の両輪であることは間違いないが，それを動かすための燃料は人の思いであると今回改めて感じさせられた。

　最後に，成果報告会の翌日のことを紹介しておきたい。

　湯舟坂 2 号墳の現地に赴き，地元須田区の自治会の方々や学生と一緒に発掘調査をご担当された奥村さんに発掘当時の状況や遺構検出の様子を具体的にお聞きすることができた。その後，近隣に所在する古墳や文化財を順番に見て回った。古墳に程近い衆良神社の境内地にある倉庫建物は，調査後まもない年に建てられたものであることに気付いた。

　集会所ではポスターデザイン等を引き受けてくださった区長さんを始めとする自治会役員の皆さんとの意見交換の場が設けられた。地域の文化財をどのように扱っていけばいいのか。発掘 40 周年ということもあるが地域の外から人を呼び込むような仕掛け，活用策について，各自が意見を出し合う場になった。

　この集会所の廊下には地区で受けた表彰状などが掲げられていたが，私が目を惹かれたのは「811021」や「811026」の数字も写り込んだ調査当時の湯舟坂 2 号墳の写真がずらりと掲げられていたことであった。地元にお住まいされている方から見たら，馴染みのある当たり前な，場合によっては時が止まったと感じるかもしれない写真プリントなのだろう。しかし，こちら側の目から見ると，そこに写っているのは報告書類では見かけたことがない初見の写真であり，現状でのスキャニングやフィルムの所在確認を行うべき「資料」に値するもののように思えた。

　地域に根ざした文化財とはこういうものなのかもしれないと感じた一コマであった。

# Ⅴ．埋蔵文化財写真の将来像

# 1 デジタルカメラの時代を迎えて

　21世紀，写真はデジタルになった。黎明期のデジタルカメラからみれば研究開発が進むまで一定の助走・準備期間はあったが，一般的な価格帯で販売されるや急速に普及したのは皆さんご記憶のとおりである。

　しかし，当時は写真といえばフィルムカメラであって，デジタルカメラは持ち運んでメモ代わりに使える便利な記憶補助装置に過ぎないという印象を持っていた人も多いのではないだろうか。少なくとも考古学関係者の周辺では「記録写真」に対して求めるレベルとデジタルカメラに対して抱いていた発展途上感は相容れないものだったような気がする。最後までフィルム写真にこだわり続けていく集団を挙げるとすれば，それは考古学・埋蔵文化財に関わる方々だろうという印象は，今でも違和感がないように感じる。

　この辺のデジタルシフトに対するせめぎ合いや葛藤については，2014年（平成26）10月号の考古学ジャーナルの特集「デジタル化する考古学写真」や2016年10月臨時増刊号の特集「現代の考古学と埋蔵文化財」の中の「考古学の写真の近現代」で触れたことがある。また，文写研の会誌『文化財写真研究』，その前身の『埋文写真研究』の特集企画等を通じて，デジタル写真が考古学や埋蔵文化財保護行政機関に受け入れられていく過程を注視し，いくつかの論考にまとめてきた。特に前者では2014年（平成26）当時の考古学を取り巻くデジタル化の様子を概観し，写真記録のデジタル化について都道府県・市町村・民間の各調査機関に報告してもらったことがある。その後，2017年（平成29）には文化庁によって『埋蔵文化財保護行政におけるデジタル技術について1』（報告）がまとめられたが，手始めとして「発掘調査におけるデジタルカメラの導入について」の指針が示されたことは大きな画期である。ここではさらに歩みを進めたデジタル化の様子を踏まえて，これから先の記録写真に対する見通しや可能性を考えてみることにする。

## 1. デジタルシフト

　考古学に関わるデジタル写真の移り変わりに絞れば，筆者は直近10数年の変化の方が顕著だと感じている。

　一例を挙げてみよう。表4は，奈良文化財研究所飛鳥藤原地区写真室の撮

表4　デジタルシフトの一例（奈文研写真室 飛鳥藤原地区）

| | | 2010年度 | 2011年度 | 2012年度 | 2013年度 | 2014年度 | 2015年度 | 2016年度 |
|---|---|---|---|---|---|---|---|---|
| 遺跡撮影 | 4×5フィルム | ○ | ○ | ○ | ○ | ○ | ○ | × |
| | ブローニーフィルム | ○ | × | × | × | × | × | × |
| | フルサイズデジタル | ○ | × | × | ○ | △(震災復興) | × | × |
| | 中判デジタル | − | ○(645D導入) | ○ | ○ | △ | ○(645Z更新) | ◎ |
| 遺物撮影 | 4×5フィルム | ○ | ○ | × | × | × | × | × |
| | ブローニーフィルム | × | × | × | × | × | × | × |
| | フルサイズデジタル | − | △(海外調査) | △(海外調査) | △(海外調査) | △(海外調査) | △(海外調査) | △(海外調査) |
| | 中判デジタル | ○ | ◎ | ◎ | ◎ | ◎ | ◎ | ◎ |

※木簡赤外撮影等、特殊例は除く

影機材デジタル化の変遷を年度別にまとめたものである。開始時期を2010年度（平成22）としたのは，筆者が当年度に着任したという理由もあるが，毎年撮影機材がデジタルシフトしていったのが印象深かったことにもよる。表にして振り返ると完全デジタル化する2016年度（平成28）までの過渡期の様子がわかる。以下の3点を大きな傾向として挙げておきたい。

①遺物撮影の方が先行してデジタル化する。

②5000万画素の中判デジタルカメラの採用で4×5フィルム使用が揺らいだ。

③完全デジタル化以降，フィルム撮影を行うことは無くなった。

　Ⅰ章の図4で紹介したカメラ映像機器工業会（CIPA）が1951年（昭和26）から行っている生産出荷統計数値を再び振り返ってみると，写真を取り巻く環境を読み取れる。銀塩カメラの出荷のピークが1990年（平成2）と今から30年以上も前にあること。デジタルカメラが統計対象に現れ，2年で主役が入れ替わったこと。カメラの出荷台数がピークを迎えた2008年（平成20），銀塩カメラが統計から消えたこと。その後の著しい減少により，デジタルカメラも2022年（令和4）には1950年代後半の銀塩カメラと同じ出荷台数に落ち込んだことなど。

　世間では1990年代後半から2000年代前半に写真のデジタルシフトが起きており，銀塩カメラがデジタルカメラによって瞬く間に市場から駆逐された様子が一目瞭然である。もっとも，ここ数年のデジタルカメラの落ち込みが銀塩カメラ末期のカーブと類似しており今後の動向が注目されるが。とりわけ，近年の落ち込みぶりには目を見張るものがあるが，原因はスマートフォンの台頭にあるのは明白だ。個人的な話で恐縮だが，私がスマホを持たされ

るようになったのは 2013 年（平成 25）発売の iPhone5S からである。2013
〜 14 年のデジタルカメラ出荷台数を比べると実に 3 割近い減少率を示して
おり，iPhone5S がゲームチェンジャーだった気がする。携帯性に優れたま
ま向上し続けるカメラ性能やソーシャルメディアとの高い親和性にデジタル
スチルカメラは太刀打ちできないのである。2020 年（令和 2）11 月，ニコ
ンがカメラ本体の国内生産終了を発表したのもこの流れの延長にある。

　その一方で，デジタルシフトしたことにより，個人レベルで写真に親しむ
層を新たに掘り起こしたことも事実である。また，デジタルスチルカメラで
動画撮影ができるように，写真と動画の線引きが曖昧なものになったことも
重要である。静止画と動画を含む広い意味での「デジタル画像」として接し
ていく必要があるだろう。

　こうして眺めると世間と考古学写真関係の間には，10 年，いや 15 年程の
「ズレ」が生じているわけであるがこの間の動きをどう評価するかは，非常
に難しい。例えばデジタル画像にも関心と注意を払ってきた埋蔵文化財写真
技術研究会は，出荷されるカメラの主役がデジタルに移行した翌年にあたる
2002 年（平成 14）に「今なぜ銀塩か？」をテーマとする特集を組んでいる。
そこでは，デジタル写真について「現状では文化財写真の目的である記録保
存には適していない」「まだまだ銀塩健在なり！！」「銀塩写真の素晴らしさ
を再認識してください」といった評価がなされていた。こうした流れの中で，
双方の特性に応じた長期保存と活用・利便性の観点に立って「使い分け」「棲
み分け」をしていけば良いのではないかという意見が多かったと記憶してい
る。しかしこうした併用策も一時的なもので，2008 年（平成 20）には出荷
統計から銀塩カメラが姿を消してしまったことは象徴的だ。

　それでも埋蔵文化財保護行政の業界は，デジタル一択となった選択肢の中
にあって慣れ親しんだ銀塩カメラを手にしながら，大幅なラインナップ減と
価格高騰に突入したフィルムを粘り強く使い続けた。「財政難で新しくデジ
タルカメラを購入出来なかっただけです」という現実もあったが，性能向上
期のデジタルカメラを早い段階で導入したので買い替えが難しい機関もある
ことを考えると，性能安定期になって購入した後発組の方が結果的に良かっ
たというパターンもある。機材検討や充実化を図りつつ性能の熟成を見極め
る移行期間を確保し，デジタルと銀塩のメリット・デメリットや「記録写真」

を改めて見つめ直す時間を稼げたのは，この業界にとっては悪くなかったと近年では考えている。

## 2. 考古学関係業界とデジタルカメラ

　写真の記録能力を保証してきたのは，フィルムが持つ長年の保存実績による信頼性，撮影した写真そのものを直接目視できる物質性である。これに依拠して，デジタルシフトに慎重な姿勢を保ってきたのが考古学関係業界である。しかし，2017年（平成29）の文化庁報告によって写真記録に求められる具体的な機能要件が示されたことで，フィルムからの移行は着実に進んでいる。

　この背景としては，組織的にフィルムカメラやフィルムを使って安定的に現像プリントを継続するために必要な物品や現像所が，多くの地域で身近なところから姿を消してしまった影響も大きい。カメラ機器はメンテナンスしながらでも使用でき，フィルムもこだわりをある程度捨てさえすれば，まだなんとか使い続けることができる。しかし，記録写真の名に足る現像プリントだけは自家処理せざるをえないのが実情である。自家現像に関しては，埋蔵文化財関係のほとんどの調査機関が実現できなかったことであり，それをこれから開始するというのは無理な相談といえよう。

　前述した文化庁報告ではフルサイズデジタル一眼レフカメラを「長期保存と活用を目的とした発掘記録」に用いるカメラとして推奨した。その後，ミラーレスカメラボディーにフルサイズセンサーやさらに大型の中判サイズセンサーを搭載した機種も登場している。こうしたカメラボディーやデジタルに最適化した新設計のレンズも増えており，高画質を求めるための選択肢は着実に増えている。

　一方でスマホカメラである。スマホカメラの高画質化も着実に進んでおり，RAWデータでの撮影はもちろん1型の撮像センサーを搭載した機種，2億画素の撮像センサーを搭載したモデルも登場した。「携帯」することとセンサーの大型化は，いずれ限界を迎えるかもしれないが，しかし技術の革新はそれを可能にするかもしれない。

　数年前，筆者は講師を務めた文化財写真研修で，とある自治体の研修生に発掘調査現場の写真撮影をスマホカメラで行ったらダメなのかと問われて衝

撃を受けたことがある。頭ではそれはダメだろうと思ったが，実際に使って検証してみないと説得力はない。ということで，エントリーモデルのフルサイズ一眼レフカメラと当時使用していた iPhone5S で撮り比べてみたことがある。

　結果，報告書 1 頁に 8 枚掲載するようなサイズであれば，あまりアラが目立たず使ってもわからないのではないかと正直感じた。だが，それではいけないと思い直し，スマホカメラに不利な暗部や遠くの方に写っている看板部分などを 100 ％表示で見比べてその解像性の違いを例示した。記録写真として後世に残すには，やはりセンサーサイズの優位性は大きいと評価した。ただし調査中に何かの拍子で身近にカメラがなかった場合などの際にスマホで撮影するのはアリかもしれませんと言い添えた。

　ところが，1 型センサーがスマホに搭載されはじめると，35 mm のフィルムカメラよりも上質な記録写真を撮ることができるだろう。どのレベルの記録写真と比較するかという問題はある。また，スマホカメラだからと乱暴な撮り方をしてしまうと記録に足るものにならないのも当然である。記録写真を撮るという気構えを持ちながら最新の大きなセンサーを搭載したスマホカメラを使えれば，記録写真を撮ることも現実的な選択肢になる可能性が出てきていることを指摘しておきたい。

## 3.　デジタルカメラがもたらすもの

　デジタルカメラを使って記録写真を撮る最大の利点を挙げるとすれば，その場で画像を確認できることであろう。この場合の「その場で」というのは，撮影時のライブビュー機能と撮影後の画像再生機能の 2 つの場面である。もちろんフィルムカメラの場合も撮影時にファインダーやルーペを用いて被写体を確認していたが，デジタルカメラでは撮影前後の画像を拡大表示し細部観察することを可能にした。と同時にヒストグラムを表示することで，撮影画像の露出確認もできるようになった。記録写真の精度を高める上で，この機能は何にも代えがたいものである。

　記録写真に求められる第一の要素は，適正な露光下にあって鮮明・鮮鋭かということである。端的にいえば，ブレたりボケた写真であってはいけない。撮影時に画像を細部まで確認できる機能は，このブレ・ボケ写真を見極める

上で大きな力になる。フィルム写真だと，現像プリントするまでブレ・ボケ
の存在を確認するのは難しい。また例えそうなっていたとしても，明らかな
ブレ・ボケはともかくとして，ルーペで観察してみないと分からないことも
多い。引き伸ばしてプリントしたことで明示され，愕然としたこともしばし
ばあるのではないだろうか。遺構写真の場合，気づいた時には発掘調査現場
はすでに姿を変えており，同じカットは撮ることができない。

　後処理で救済しようにもどうにもならないのが，このブレとボケである。
記録写真が抱えてきた長年の課題は，いかにしてブレない・ボケない写真
を適正露光で撮るかということにあったといえば言い過ぎだろうか。記録に
失敗した写真を撮らないようにする上で，ライブビューと画像再生のダブル
ガードはとても大きな力となってくれるものである。

　デジタルカメラは，露出が合って，ピントも合って，ブレていない写真を
撮るという記録写真のスタートラインに多くの人を立たせてくれるものであ
る。私達はその先にある，

**　何を撮って記録に遺そうとしているのか？**

**　どう撮ればより良い記録として遺せるのか？**

という記録写真としての本質的な部分に思いを巡らせ，注力できる機会をよ
うやく獲得できたのである。是非，そのステージに踏み込んでいって欲しい。

## 4. デジタル画像の拡張性

　SfM/MVS の登場で 3 次元データの生成に対する敷居は低くなり，遺構や
遺物の記録に大きく貢献するようになってきた。精度を脇におけば，デジタ
ルカメラだけでなくスマホ写真からも生成することが可能であり，今後もま
すます高精度で簡便なものになっていくことが予想される。こうした 3 次元
データをベースにして，遺跡や遺物の VR や AR 展示も各地で活発になって
きている。

　この背景には情報通信技術の進歩はもちろんのこと，観光立国政策の影響
を受けた文化財保護法の改正によって地域の文化財の活用や公開が積極的に
行われるようになったことも追い風となっている。こうした先端技術を活用
した展示公開への取り組みを後押しする文化庁の補助金メニューも以前と比
べ物にならない質と量になっている。ちなみに奈文研でも，平城宮跡の活用

に関する実践的研究の一環として「AR 幢旗」を製作し体験会を実施している（写真 96）。ハードや通信環境の進化が速いため，それに対応することが求められること。時とともに拡張性と高精度化が進むため，3 次元空間を見越したゆとりを持った写真撮影等のデータ取得が求められること。その一方でアナログ的な「あたたかみ」を持たせたデジタル化も大切，など課題は多岐にわたる。

　デジタルカメラによる写真が，動画や 3 次元データ化の素材にも用いられるようになり，それらを発展・統合する形で VR や AR そして MR にも広がりをみせている。確かにフィルム写真を下地に発展してきたデジタル写真であるが，その発展・拡張ぶりは驚異的である。

　さらに発展著しい中国の興味深い事例を紹介しておきたい。2010 年から毎年中国で仕事をする機会に恵まれているが，この短期間だけでも現代化が加速している様子を実感している。

　2019 年，学術交流で 1 ヶ月滞在した際に西域の玄関口である甘粛省に足

**写真 96**　平城宮第一次大極殿における「AR 幢旗」

を運ぶ機会があった。省都蘭州市にある甘粛省博物館では，「文化財に息を吹きこもう」というキャッチフレーズのもと，意欲的な展示が行われていた。その中で特に印象深かった展示風景が次の写真である。写真 97・98 は青銅製灯火器の展示風景で，ガラス面をタッチパネルディスプレイにしたものである。音声ガイド操作に加えて，写真 98 の左のような使用方法や右の携帯方法を CG で動画展開させて展示ガラス面に投影させる仕掛けである。実物を背後に見ながら展開されるので，理解しやすいことは言うまでもない。写真 99 は土器を 3 次元化して指先で 360 度好きな視点から見つつ，任意の文様を絵付けできるものである。奥には土器写真をジグソーパズル化させて壁面で組み合わせるものもある。子供向けのコーナーではあるが，小さな子供と大人は 2 次元パズルに，そこそこ大きい子供は 3 次元コーナーに集まっているのが面白い。写真 100 は展示室を案内するロボット。声をかけると解説しながら展示場所へ案内してくれる。胸部ディスプレイも装備され大人気の様子であった。ちょっと調子が悪くて途中で退場したが。館内各所の展示で

**写真 97** AR を併用した青銅器灯火器の遺物展示

**写真 98** AR を併用した青銅器灯火器の動画展開

**写真 99** 3D とパズル写真を並列展示する遺物紹介

**写真 100** 展示室内を自走案内するロボット

は3次元からアニメーションまで総動員して展示品に動きを持たせる仕組み
に満ちており，それが北京等大都市とは異なる甘粛省の地で行われているこ
とに驚かされた。直接的な記録写真の将来像ではないかもしれないが，デジ
タル画像の可能性を示す事例として気に留めておきたいと思い紹介してお
く。

## ② 直近の写真環境

　埋文写真の将来像がどこまで広がりをみせるのか，筆者自身にもつかみかねているというのが正直なところである。それはデジタルシフトに伴って写真を用いてできることが，予期せぬ分野に派生するからでもある。だが一番根っこの部分にあるのはⅠ章でみてきたような，文化財写真としての埋文写真であると信じている。Ⅲ章の技術的な部分を踏まえ，それを下地にしたⅣ章の活用事例が私なりの埋文写真のあるべき姿だと考えている。その一方でデジタルカメラの時代を迎えて，そのスペックや機能はまだ発展している最中である。最新の機材を買い求め続けるのは難しいが，絶えず更新されていく機材情報をできる範囲で仕入れておくことは大切である。その一助となるかどうか心許ない部分はあるが，筆者の独断と偏見による最近の写真環境を記しておわりとしたい。

　皆さま，より良い写真を遺していきましょう。

### ①中判デジタルカメラ

　ラインナップが維持されている中判デジタルカメラは，PHASEONE や Hasselblad，LEICA といった海外メーカーを除けば，2010 年（平成 22）に発売された PENTAX645D と 2014 年（平成 26）発売の後継機種 645Z が廉価で良質な中判デジタルカメラとして存在してきた。2017 年（平成 29）になると Hasselblad から X1D，富士フイルムから GFX50S の中判ミラーレス一眼モデルが発売され状況が変化した。

### ②ミラーレス一眼カメラ

　ミラーレス一眼については，既にフルサイズセンサーモデルを販売していたソニー α7 シリーズに割って入る形で，2018 年（平成 30）には，ニコンから Z6・Z7，キヤノンは EOS R を投入し，パナソニックも LUMIX S1・S1R を発表（ZEISS ZX1 や SIGMA fp も）した。この情勢を受けて，富士フイルムも中判廉価版 GFX-50R を同年に投入しており，ミラーレス一眼（だけ）が活況を呈している。ただ，EOS R は R5・R6 へと展開させてまもなく R3 を発売し，Z6・Z7 は Z6Ⅱ・Z7Ⅱから Z9 を 2021 年（令和 3）末に発売した。

　毎年新商品を出す形となり，正直なところ買い時がわからなくなった。そ

してニコンはデジタルカメラの国内生産拠点を全て閉鎖してしまった。対するキヤノンは国内回帰。「工場の存在を根本的に見直そう，時代にあった体制に見直そう」ということで「メインの工場を日本に持って帰る」方針転換。両社ともに一眼レフカメラからの撤退，開発終了も現実になりつつある。

### ③中判デジタルカメラの高画素化

　中判デジタルカメラについても，2018 年（平成 30）に Hasselblad が 1 億画素の H6D-400c MS，PHASEONE は 1 億 5000 万画素を誇る IQ4 150MP を発売し，富士フイルムも 1 億画素モデルの GFX100 を 2019 年（令和元）6 月に発売し 2021 年（令和 3）2 月に GFX100S を発売。同じセンサーサイズで廉価版的な位置付けともいえる 5000 万画素クラスの GFX50S は，50R へと展開した後，同年 9 月に 50SⅡを発売した。

### ④デジタルカメラの高精度化

　画像の高精度化をもたらす機能も，着実に増えている。とりわけ，マルチショットと呼ばれる RGGB 各色でシャッターを切って画像形成する撮影方法は，モアレや偽色が起きず解像性に優れた画質を誇る。この撮影方法は，Hasselblad のカメラに搭載され，2008 年（平成 20）には H3D-39MS，2011 年（平成 23）には 6 ショットタイプの H4D-200MS（2 億画素），2018 年（平成 30）には H6D-400MS（4 億画素）が発売されてきた。この高画質化の流れは，2015 年（平成 27）のペンタックスの APS センサーカメラである K-3Ⅱ（後にフルサイズ K-1 にも）に「リアルレゾリューションシステム」として搭載されたことで，中判サイズ以下のカメラに搭載されるようになってきた。

　原理的には，ボディ内の手ぶれ補正機能を活かすことで実現している技術であるため，各社とも新機能の目玉として位置付ける動きも生まれた。同じ年にオリンパスは「ハイレゾショット」という名前をつけてマイクロフォーサーズセンサーの OM-D E-M5Ⅱに搭載した。特に 2019 年（平成 31）2 月発売の OM-D E-M1X は，手持ち撮影が可能という驚くべきモデルまで登場している。ソニーは 2017 年（平成 29）にフルサイズミラーレス α7Ⅲ（後に α7RⅢ）に「ピクセルシフトマルチ撮影」として搭載し，パナソニックもオリンパス同様 2019 年（平成 31）2 月に発売したフルサイズミラーレス S1・

S1R に「ハイレゾモード」として搭載した。

　興味深いのは，ペンタックス以外はミラーレスタイプに搭載され，1 億画素を超える画素数増強用途として採用されている点である。

### ⑤スマホカメラの高精度・高画素化

　無視できないのがスマホカメラである。ライカが設計監修した「Leitz Phone1」は 1 型センサー（13.2 mm × 8.8 mm）を搭載し，2000 万画素を誇る。日本ではシャープブランド「AQUOS-R6」として販売され，15 万円弱ほど。さらには中国のシャオミ（小米）は，1 億 800 万画素の「Redmi Note 10pro」を 2021 年（令和 3)4 月に発売した。センサーサイズは 1 / 1.52 型と小さいが，画素数は突き抜けた感がある。がしかし，翌 2022 年（令和 4）はさらに高画素へ突き進む。

　2021 年（令和 3）9 月に韓国のサムスンが 2 億画素のスマホ向けイメージセンサー「ISOCELL HP1」を発表。これを受け，2022 年（令和 4）8 月にアメリカのモトローラが中国市場でこのセンサーを採用したスマホ「moto X30 Pro」を発売，9 月に中国のシャオミ（小米）が同センサーの「Xiaomi 12T Pro」を発表した。また 10 月に中国のトランシオン（伝音）の新興国向けブランドであるインフィニクスが 2 億画素メインカメラの「Infinix ZERO ULTRA」を発売。このブランド「infinix ZERO 5」は Made in India であり，韓国と中国に続くであろうインド製品の動向が注目される。2023 年（令和 5）1 月にサムスンが「ISOCELL HP2」のセンサーを発表し 2 月には「Galaxy S23 Ultra」へ搭載され発売された。スマホカメラは高画素スペック競争の渦中にある。

　記録写真の役割を担うにはクリアすべき課題が多いものの，目を離せない存在であることは間違いない。

　「ミラーレス一眼」「高画素 2 極化」「スマホカメラの本格化」が 2022 年（令和 4）から 2023 年（令和 5）にかけての注目点である。

〔引用・参考文献〕

【口絵】
諫早直人　2021「デジタル技術を利用した金工品の実測図作成法試論」『デジタル技術による文化財情報の記録と利活用』3　奈良文化財研究所

【Ⅰ．写真の歴史からみた考古学写真】
井本昭　2000「濱田耕作著『通論考古学』に見る写真図版の位置づけ」『埋文写真研究』Vol.11　埋蔵文化財写真技術研究会
井本昭ほか　2006「文化財写真の本質 ―オヤジたちのまじめな精神論―」『埋文写真研究』Vol.17　埋蔵文化財写真技術研究会
金関恕　1992「スケッチから写真記録へ」『埋文写真研究』Vol.3　埋蔵文化財写真技術研究会
川瀬由照　2006「写真と文化財 ―その目的・概要―」『月刊文化財』10月号（517号）　第一法規株式会社
栗山雅夫　2012「考古資料写真序論」『文化財論叢Ⅳ』　奈良文化財研究所
國學院大學学術フロンティア事業実行委員会編　2004『人文科学と画像資料研究』　國學院大學日本文化研究所
國學院大學日本文化研究所編　2004『劣化画像の再生活用と資料化に関する基礎的研究』　國學院大學日本文化研究所
後藤守一　1927『日本考古学』　四海書房
（社）日本写真学会　2004『写真と文化財の関わり』日本写真学会誌特別号　社団法人日本写真学会
高橋健自　1913『考古学』　聚精堂
鳥居龍蔵　1935「蒙古（考古学とカメラ）」『セルパン』57号　第一書房
鳥居龍蔵　1953「臺灣調査時代（同二十九年）」『ある老学徒の手記』　朝日新聞社
鳥原学　2013a『日本写真史（上）』　中央公論新社
鳥原学　2013b『日本写真史（下）』　中央公論新社
濱田耕作　1922『通論考古学』　大鐙閣
深澤芳樹　1995「写真のタイポロジー」『埋文写真研究』Vol.6　埋蔵文化財写真技術研究会
松本純子　2006「写真資料の重要文化財指定」『月刊文化財』10月号（517号）　第一法規株式会社
山内利秋　2002「画像資料と近代アカデミズム・文化財保護制度」『日本写真学会誌』65巻2号　社団法人日本写真学会

【Ⅱ．埋蔵文化財行政と写真技術】
伊藤雅和　2014「民間調査会社組織における写真記録のデジタル化」『月刊考古学ジャーナル』10月号 No.661　ニューサイエンス社
景山和也　2014「金沢市埋蔵文化財センターにおける写真記録のデジタル化」『月刊考古学ジャーナル』10月号 No.661　ニューサイエンス社
菊池慈人　2014「都道府県調査組織における写真記録のデジタル化」『月刊考古学ジャーナル』10月号 No.661　ニューサイエンス社
栗山雅夫　2008「デジタル文化財写真使用実態～デジタルと写真は共存するのか～」『埋文写真研究』Vol.19　埋蔵文化財写真技術研究会
栗山雅夫　2011a「文化財写真の現状と課題」『文化財写真研究』Vol.2　文化財写真技術研究会
栗山雅夫　2011b「現状と課題から見えてきたこと」『文化財写真研究』Vol.2　文化財写真技術研究会
栗山雅夫　2014a「考古学を取り巻くデジタル化の現状」『月刊考古学ジャーナル』10月号 No.661　ニューサイエンス社
栗山雅夫　2014b「転換期に適応する考古学写真」『月刊考古学ジャーナル』10月号 No.661　ニューサイエンス社
栗山雅夫ほか　2014「デジタル化する考古学写真」『月刊考古学ジャーナル』10月号 No.661　ニューサイエンス社
栗山雅夫　2017「デジタルカメラ利用に関するアンケート調査結果（文化庁調べ）を読み解く」『文化財写真研究』Vol.8　文化財写真技術研究会
後藤守一　1927『日本考古学』　四海書房

高橋健自　1913『考古学』　聚精堂
濱田耕作　1922『通論考古学』　大鎧閣
深澤芳樹　1995「写真のタイポロジー」『埋文写真研究』Vol.6　埋蔵文化財写真技術研究会
藤田亮策　1948『考古学』　慶應義塾大學通信教育部
文化庁文化財部記念物課編　2010a『発掘調査のてびき ―集落遺跡発掘編―』　文化庁文化財部記念物課
文化庁文化財部記念物課編　2010b『発掘調査のてびき ―整理・報告書編―』　文化庁文化財部記念物課
文化庁文化財部記念物課編　2013『発掘調査のてびき ―各種遺跡調査編―』　文化庁文化財部記念物課
文化庁文化財保護部　1966『埋蔵文化財発掘調査の手びき』財団法人国土地理協会

【Ⅲ. 埋蔵文化財写真の特徴】
井上直夫　1995「写真表現と〈存在感〉」『文化財論叢Ⅱ』　同朋舎出版
井本昭　2001「旧石器発掘捏造事件と記録　後の検証に写真記録はどう関わったのか？」『埋文写真研究』
　　　　Vol.12　埋蔵文化財写真技術研究会
諫早直人　2016「新羅における初期金工品の生産と流通」『日韓文化財論集』Ⅲ　奈良文化財研究所・韓国国
　　　　立文化財研究所
諫早直人　2018「本研究の課題と目的」『古代東北アジアにおける金工品の生産・流通構造に関する考古学的
　　　　研究』　奈良文化財研究所
諫早直人・栗山雅夫　2018『古代東北アジアにおける金工品の生産・流通構造に関する考古学的研究』　奈良
　　　　文化財研究所
牛嶋茂　1994「遺跡の撮影（その1）」『埋文写真研究』Vol.5　埋蔵文化財写真技術研究会
牛嶋茂・村井伸也　1996「遺跡の撮影　その2 ～穴を撮る～」『埋文写真研究』Vol.7　埋蔵文化財写真技術研
　　　　究会
岡塚章子　2000「写された国宝 ―日本における文化財写真の系譜」『写された国宝』　東京都写真美術館
川瀬由照　2006「仏像写真家と文化財（彫刻）写真」『月刊文化財』10月号（517号）　第一法規株式会社
木村理　2021「古代人の指紋」『コラム作寳樓』（なぶんけんブログ）　奈良文化財研究所＜ https://www.
　　　　nabunken.go.jp/nabunkenblog/2021/09/20210901.html ＞
栗山雅夫　2016「Wi-Fi を利用したリモート撮影事例 ―中判高所撮影とコンデジ狭所撮影―」『文化財写真研
　　　　究』Vol.7　文化財写真技術研究会
後藤守一　1944「考古學研究と寫眞」『寫眞科學』　アルス
佐々木香輔　2017「資料としての彫刻写真の撮り方 ―坂本万七の撮影方法を援用して―」『文化財写真研究』
　　　　Vol.8　文化財写真技術研究会
白政晶子　2014「坂本万七の文化財写真について ―明治大学所蔵坂本万七写真研究所資料を中心に―」『明治
　　　　大学博物館研究報告』第 19 号　明治大学博物館
佃幹雄　1991「遺跡の撮影」『埋文写真研究』Vol.2　埋蔵文化財写真技術研究会
坪井清足　1991「文化財写真に思うこと」『埋文写真研究』Vol.2　埋蔵文化財写真技術研究会
戸田哲也　2001「調査にはルールがある　上高森遺跡の石器団納遺構」『SCIENCE of HUMANITY BENSEI』
　　　　Vol.34　勉誠出版
中村一郎　2008「正確な色再現を目指した DSC による遺跡撮影」『埋文写真研究』Vol.19　埋蔵文化財写真技
　　　　術研究会
中村一郎　2013「新しいデジタル一眼レフカメラを使用した高所撮影写真」『文化財写真研究』Vol.4　文化財
　　　　写真技術研究会
奈良文化財研究所　2013「朝堂院朝庭の調査 第 174 次」『奈良文化財研究所紀要 2013』　奈良文化財研究所
奈良文化財研究所　2015「藤原宮大極殿院の調査 第 182 次」『奈良文化財研究所紀要 2015』　奈良文化財研究
　　　　所
奈良文化財研究所　2017「藤原宮下層運河 SD1901A の機能と性格の検討 第 186 次」『奈良文化財研究所紀要
　　　　2017』　奈良文化財研究所
奈良文化財研究所　2020『藤原京右京九条二坊・九条三坊、瀬田遺跡発掘調査報告』　奈良文化財研究所
文化庁文化財部記念物課編　2010『発掘調査のてびき ―集落遺跡発掘編―』　文化庁文化財部記念物課
増田玲　2011「鑑賞の位相 ―美術出版社刊『日本の彫刻』をめぐって」『東京国立近代美術館紀要』第 15 号
　　　　東京国立近代美術館
村井伸也・牛嶋茂　1997「遺跡撮影　その3　溝・河川を撮る」『埋文写真研究』Vol.8　埋蔵文化財写真技術

研究会
村井伸也・幸明綾子・牛嶋茂　1999「遺跡撮影　その4　断面（セクション）を撮る」『埋文写真研究』Vol.10　埋蔵文化財写真技術研究会
森川実　2020「遺物の出土状況」『藤原京右京九条二坊・九条三坊、瀬田遺跡発掘調査報告』　奈良文化財研究所
柳田國男ほか　1943「柳田國男氏を圍んで　民俗と寫眞　座談會」『寫眞文化』第27巻　アルス
山崎健　2017「藤原宮下層運河 SD1901A の機能と性格の検討 第186次」（動物遺存体）『奈良文化財研究所紀要2017』　奈良文化財研究所

【Ⅳ. 埋蔵文化財写真の活用例】
栗山雅夫　2023「考古資料写真のデジタル化 ―変わるモノと変わらないコト―」『文化財論叢Ⅴ』　奈良文化財研究所
諫早直人　2021「デジタル技術を利用した金工品の実測図作成法試論」『デジタル技術による文化財情報の記録と利活用』3　奈良文化財研究所
諫早直人・栗山雅夫　2018『古代東北アジアにおける金工品の生産・流通構造に関する考古学的研究』　奈良文化財研究所

# 付論. 往復書簡で挑む遺物撮影法の伝授

# 1 付論の目指すところ

　ここまでは，埋蔵文化財写真の成り立ちから今後の見通しも考えた時間軸に対して，長い時間をかけて培われてきた撮影技術の目的や方法論を綴じ合わせながら，目指すべき方向性を提示した。しかし考古学的な調査研究で用いられる技術の多くがそうであるように，写真撮影も身体技術に拠る部分があるので実演・実習という現実の場面で伝えることが望ましい。であるのに，ハンドブックとして本書をまとめるのは，矛盾を抱えながら高い壁を越えようとするものである。果たして本編で記してきた内容が，皆さんの期待に応えられているか，不安がないと言えば嘘になる。とりわけどのようにして遺物を撮影するのかという点については，埋蔵文化財独特の種類・材質・形状の多様さもあって掘り下げきれていない部分がある。

　そこで付論を用意した。

　内容は，メールと添付写真で遺物撮影方法の質疑応答を繰り返し，その意図する所を伝え合いながら，成果写真と撮影メモにたどり着く経過をまとめたものである。口絵4・5・6はこの成果の一つで，俯瞰単体写真，横画面・縦画面の立面集合写真撮影時の注意点がまとめられたものである。相手方は（公財）広島県教育事業団事務局埋蔵文化財調査室の中山愉希江さんで，2021年（令和3）に筆者が担当する報告書編集基礎課程と報告書デジタル作成課程（ともに奈文研文化財担当者研修）に参加いただいた。そして往復書簡のきっかけになったのは，発掘調査を担当された城ノ本遺跡出土の遺物写真撮影をご自身で行うことになり，相談を受けたことによる。約2ヶ月20回近くに及ぶやりとりは，より良い写真に寄せていく様子がありのままに記録されている。まさか，やりとりがここまで成長するとは思いもよらなかったので，途中で話が脱線したり，あるいはくじけそうになっている箇所も見受けられる。しかし，そうした生々しさも含めて紹介することは，これから遺物撮影に取り組む方々にとって直接的な参考になりそうな予感がしたので，できる限り忠実に記載することにした。したがって，文章として不適な箇所も出てくるが，そこはメールで伝え合うという，限定された条件下であるということを慮っていただき温かい目でご覧になってください。

## ② 立面単体撮影法を伝える

### 1. 中山往信①

　現在，令和3年度に発掘作業を行いました遺跡の報告書を作成するため，遺物撮影を行っております。意図するように撮影するのが難しい遺物があり，撮影方法についてご指導をいただけないでしょうか。

　遺物や撮影方法の概要は次のとおりです。

**【遺物の器種】** 瓦質土器　風炉

**【遺物の特徴】** 外面にスタンプなどの装飾がある。

　　　　　　　　脚（1本のみ残存）がある。

**【意図する撮影】**

■遺跡（城跡）の性格を示す奢侈品なので特徴を出せるように撮影したい。

■可能なら，立面で撮影したい。

　理由①……俯瞰より，立体的に見せられる気がする。

　理由②……遺物本来の使用方向（置いた状態（立面））で撮影したい。

**【困っているところ】**

●立面で撮影すると，補助具が見える。

●立体的に見える撮影方向がわからない。正面と斜めから撮影してみました。

●装飾をはっきりさせると，全体に明暗のムラができる（できてもよいのでしょうか）。写真102。ムラを出さないようにすると，全体的にぼんやりする。写真101・103。

写真101　瓦質風炉立面単体写真1（遺物正面から撮影。遺物の左手前，遺物の少し上からメインライトを照射）

写真102　瓦質風炉立面単体写真2（遺物正面から撮影。遺物の左真横，遺物のかなり上からメインライトを照射）

**写真 103** 瓦質風炉立面単体写真 3（遺物の斜め方向から撮影。遺物の左手前，遺物の少し上からメインライトを照射）

## 2. 栗山返信①

　3 枚の写真のうちで最も正解に近いのは写真 102 です。

　風炉のスタンプ文に限らず出土遺物類はあまり凹凸がありません。縄文中期の土器とかは別として。であるのに，埋蔵文化財写真の多くは光を回しすぎる傾向が伝統的にあります。写真 101・103 のように。

　これはフィルム時代から，露出のアンダーオーバーに対する恐怖心が関係者間に根付いているからではないかと私は思っています。

　中山さんは「明暗のムラ」と書かれていますが，これはコントラストの濃淡といえるものです。写真は光と陰で凹凸を擬似的に 2 次元上に浮かび上がらせます。ですので，この風炉の特徴の一つであるスタンプ文を出したくないのであれば写真 101・103 のような考え方＝順光状態で正解かもしれませんが，今回はそうではありません。なので，サイド光で文様を出すという考え方でいいです。

　この写真は，左からのメインライトなので右側に陰・影ができます。それを少し弱める，柔らかくしてあげるイメージでレフ板を使って補ってあげてください。写真の右端に，発泡スチロールに釘を重りにして仕込んだレフ板が写り込んでいますが，遺物に対して大きすぎます。必要な光以上を広域にはね返していることになります。写真 102・103 で同じ位置にあるということは，そもそものレフ板で返す光を，あまり意識していないのではないでしょうか。必要な場所に必要な面積光量の光で補ってあげればいいので，遺物の高さくらいまでのレフ板で十分です。

　メインライトで形状と文様の凹凸を出してあげて，その次にレフ板で陰・影になりすぎる部分を明るく補正してあげてください。この時，遺物に近くしすぎるとメインライト 2 灯状態になるのであくまで片側が強く，もう片方は自然に見える暗さがポイントです。とんだり，つぶれたりしなければいいのです。明るいところから暗いところに明暗のグラデーションがつくことで，凹凸や形の丸みが見えるようになります。

　写真 102 をベースに上記のイメージでライティングをしてもらえば，より
良いものになると思います。自然な明暗，自然な陰影がポイントです。

**【困っているところ】**

**●立面で撮影すると，補助具が見える。**

　→この遺物の遺存状況だと 1 点で立てるのは無理ですね。補助具が見える
のなら，見える補助具を出来るだけ目立たないようにしましょう。できるだ
け小さく，できるだけ目立たないように。重りは存在感が強いので目がそこ
に向きます。背景紙を切り取って，補助具のまわりにきれいに巻きましょう。
そうすれば，同化して印象を弱くしていってくれます。

　重りでなく，最小限の大きさの消しゴム，あるいは紙筒（ラップやプリン
トロール紙の芯）を切断し，背景紙を巻いて使ったりもします。

**●立体的に見える撮影方向がわからない。正面と斜めから撮影してみました。**

　→この残存率だと正面 1 択ですね。斜めから撮影する意味がほとんどあり
ません。

**●装飾をはっきりさせると，全体に明暗のムラができる**（写真 102）**。ムラ**
**を出さないようにすると，全体的にぼんやりする**（写真 101，103）**。**

　→前述部分を参照してください。「意図する撮影」で立面にこだわってい
ますが，この遺物の残存率なら俯瞰撮影向きだと思います。立面撮影の利点
は遺物が地に足をついてその影が背景紙上に落ちることで立体感を出せるこ
とにあります。でも今回の風炉は足が 1 点でしかついていないので，影の力
と意味するところが相対的に弱いです。どうしても立面で撮るなら，もう少
し復元してからにしたいところです。

　俯瞰撮影だと立体感が出ないということはありません。前述した意識でラ
イトを当ててあげれば，器形のカーブや文様の凹凸を立体的に表現できます。
その上で，1/2 ページサイズで大きく掲載すれば，城館寺院遺跡特有の風炉
が出土していることを強調できるように思います。

　直接手元で説明できたら一目瞭然のことなのですが，ご自身でライトの方
向やレフ板の位置を試しながら，コロコロ変わる遺物の表情をつかまえるの
も大切なことです。最初はちょっと面倒で時間と慣れを要しますが，遺物の
実測図を描くようにライトで形状や凹凸を浮かび上がらせることを意識して
みてください。

## 3. 中山往信②

可能なら立面がよい気がしていましたが，俯瞰向きとご意見をいただき，頭の切り替えができました。また，立面で撮影する意味（影による立体感）を教えていただき，勉強になりました。これから撮影する際には，影を意識して撮影の仕方を検討します。

再撮影の写真をお送りします（写真104）。重りに背景紙を巻き，脚の裏と右に置いています。光が当たっている脚の裏の重りは，とんで，ほとんど見えませんね。とても驚きました！！

写真104　再撮影写真

## 4. 栗山返信②

かなり良くなっています。見違えるように，質感が出ていると思います。その上で，さらにもう一歩という観点から。

1.体部立ち上がり部分（写真105）が，暗すぎるかもしれません。右側のレフ板をもう少し近づけて，強めに当たるように少し上向きにレフをあてる。あるいはもう1枚の別の小さなレフ板で明るさを補ってあげればいいかと思いました。

2.補助具もいいですね。ただ，囲み線（写真105）の脚遺存部右側にちょっと見えています。これは位置を変えることで隠れると思います。その左側に何か線がみえます。これは紙の汚れとかでしょうか？　チリゴミ類はあとで目立つので，撮影時にはできるだけ消しゴムで消したり吹き飛ばしたりした方がいいです。後処理の作業が減りますので。それから右側で脚代わりにしている紙筒は，背景紙と接する部分，隙間が影として黒くなり目に付くことになりますから，囲み線隣接左側のよ

写真105　再撮影写真の改善ポイント

うにピタリと設置するところまで密着させた方がいいと思います。

　いずれにしても，写真101から103よりも一気に上達したと思います。この調子で俯瞰撮影でも遺物の表情をよく見てあげて，質感のある写真で撮ってあげてください。

## 5.　中山往信③

　背景紙で補助具があんなにも見えなくなることにとても驚き，先輩に話しました。ご指導いただいてよかったです。

　撮影した立面写真をアップロードいたしました。わかりやすく丁寧にご指導をいただき，感謝しています。

　撮影では，次のことが気になりました。

● 全体的に明るすぎる気がする。適正で撮影したのですが，レフ板が大きすぎるせいでしょうか。

● トリミングする際に，遺物の影が途中で切れてしまうのが気になる。貴研究所の遺物写真は，影が短く，切れていません。上のライトをメインにしたらよかったのでしょうか。

## 6.　栗山返信③

　ざっとみたところの印象では，ライトを回しすぎていますね。明るく撮るだけで精一杯という感じです。遺物たちの個性が見えません。それからえらく小さく撮っていますね。せっかくの画角が……といったところです。

　一気に解決することは難しいかもしれませんが，いくつかの方向性をお伝えして，より良い立面写真に近づく道筋を示せればと考えてみました。

　その前提として文化財写真技術研究会の会誌3号で私の先輩の井上さんがデジタルになっての立面写真撮影のことをまとめてもらったことがありますので送ります（井上2012「遺物撮影の基礎（2）土器の立面撮影を中心にして」）。目指すべき方向性と工夫のいくつかは記されています。

　また風炉のところで私がお伝えしたこと。それに基づいて撮り直されたことでグッと良くなった点は同じ方向を向いているものですので，その経験を踏襲してもらえればと思います。

　その上で送っていただいた写真について，感想と手立てを伝えます。

撮り方，写り方すべて同じ傾向のものだといえます。

そしてすでに中山さんご自身がお気付きのとおりです。

●**全体的に明るすぎる気がする。適正で撮影したのですが，レフ板が大きすぎるせいでしょうか。**

●**トリミングする際に，遺物の影が途中で切れてしまうのが気になる。貴研究所の遺物写真は，影が短く，切れていません。上のライトをメインにしたらよかったのでしょうか。**

ともに正解です。

このうち前者は「適正で撮影」とありますが，露出計で測っての適正なのか，あるいはカメラ内蔵の露出計測で適正なのか，いろいろな適正値があるわけですが，遺物達自身の適正がどれくらいなのかを見極めることが大切です。今回の遺物は，中世土器の白色系のものが多くを占めているようです。ですので，それらが白く（明るく）写るのは問題ありません。逆に内黒土器とかは黒く写す必要があります。白いものは白く，黒いものは黒く，明るい灰色，暗い灰色それらは個性なのでそのように撮らないといけません。その上で，風炉の時にお伝えしたように器形の湾曲具合や凹凸は陰影，グラデーション，明暗差で表現しないと，平面的な見せ方しかできなくなってしまいます。送っていただいた写真に写り込んでいる発泡スチロールのレフ板を見ると，今回の遺物寸法の何十倍もあるような大きさのものが使われています。それらをさらに複数枚使っていたりします。これは光が回りきっている状態，プリクラで顔写真を撮っているようなライティングになっています。立面写真を装っていますが，陰影のない平面的な写り方になっています。風炉のスタンプ文が出ていない状態です。

太陽は一つですから，メインライトとそれを補う補助光＝レフ板の比率の主従関係を見せるように意識すれば撮り方が大きく変わることを，今なら理解していただけると思います。

後者もそのとおりで，呼び方としたらトップライト，メインライト，サブライト（レフ板）なのですが，トップライトをメインライトとして考える光量バランスはとても大切です。硯がありましたが，海の部分と枠の立ち上がり，あるいは土師器皿の口縁端部の立ち上がりなどは，トップライト１灯で逆光気味に当ててあげることで縁がグッと立ち上がるように見せることがで

きます。この時，メインライトを「メイン」だからといって強く当てるとせっかく立ち上がった縁の陰影部分を明るく照らしてしまうことになり，今回のような，のっぺりした写り方に戻ってしまいます。ライティングのコツの一つは，中山さん自身がその遺物の特徴がどこにあるのか認識して，それを表現するためには光をどこから当てれば，そう見えるか探し出してあげるということにつきます。すると，トップライトと前方斜め上 45 度からメインライトを当てて，影になる部分にレフ板を当てるという一見もっともらしいことが，全てに適用されるものではないということに気づくと思います。須恵器の杯身とか規格性の強いものであれば，同じセッティングで撮り続けることができますが，埋文の遺物はそういうものの方が少ないです。今回のような破片資料になればなおさらその傾向は強まりますので，遺物毎にライトの位置を調整してあげる必要があります。面倒ですが。

　まずはこの二つのことを頭に入れていただいて，遺物を観察して理解して，照明を当ててあげてください。

　次に，撮影方法についてです。一つは画角のとりかたです。ライトカメラの位置を固定して撮っているようです。それはそれでもちろん意味があって，画角に占める遺物の割合が大きいものは大きく見え，逆に小さいもの＝余白の広いものは小さいものであると人間の目は認識します。写真図版では余白の大小で遺物の大きさを伝えるので，小さい遺物の余白を小さく，大きい遺物の余白を大きくすると読み手を混乱させますから，同一ページではやめましょう。報告書研修でも伝えたと思います。

　写真 106 の中世土師器達はかなりの小ささで撮られています。使用カメラがニコン D850 ですので 4500 万画素ありますが，実際に使用している部分は 400 万画素にも達していません。

　写真 106 の番号 225 の土師器をこちらで現像調整してフォトショップで影の処理など手を加えて作ってみました（写真 106 右下）。これで 520 万画素くらいです。また写真 107 では，文鎮がそのまま置かれていたりするなど記録として残す必要がないものが，写り込んだままになっています。これは発掘現場写真に例えると，調査区がほんの少ししか写っていない状態と同じです。前述したようなセットを変えずに撮り続ける中で，相対的な大小を表現しているのかもしれないので一概には言えませんが，少なくとも画角の中で

**写真 106** 画角に対して小さすぎる, 遺物と重なる異物

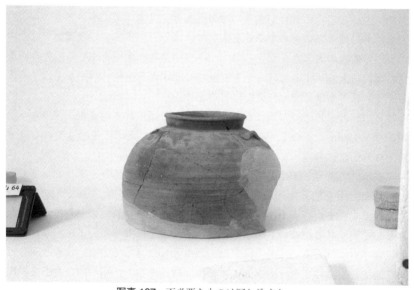

**写真 107** 不必要なものは写し込まない

1/3 程度の大きさ以上で撮ったほうが細部も観察できます。カラーチャートや番号は本撮影に続けて一連の別カット撮影することで事足ります。現場撮影と同じです。

　もう一つは，上記とも関係しますが写真 106 下段のように遺物にカラーチャートが被っているのは論外として，チャートの影が遺物の影や遺物本体に伸びているものがあります。図版掲載する時にチャートを載せるものではないはずですから，この存在は必要ありません。チャート本体を消したとしても影は残りますし，その影と遺物の影が干渉すると面倒な画像処理をせねばなりません。あるいはそのまま載せると，画面に存在しない何かの影が写って，観察者の目がその不自然な違和感に引っ張られます。これも発掘現場に例えると，土坑の平面プランの写真を撮っている時に作業員さんが太陽位置方向に立っていて，その影が遺構にかかっている状態ということです。どいてもらわねばなりません。一つの考え方ですが，画面に写ってないところでは何をしてもいいんだということを，かつて写真室の大先輩が言っていました。逆に写っている部分に不自然なことはあってはいけないということです。レフ板とかどうしようもない場合は仕方ないとしても，恒常的にそれも意図することなく写り込んでいる状態は，不必要なことでもあります。

　以上，実際の遺物撮影に立ち会ってレクチャーした方がもっと踏み込んでお伝えできるのですが，文章に書くならまずはこのようなことに気を配ってもらうことで，2，3 歩先に進めるのではないかと考えました。

## 7.　中山往信④

　ご指導内容を基に，本日 2 点撮り直してみました。硯の枠の立ち上がりがはっきりして立体感が出ました（写真 108）。

【修正点】
- ●トップライト：メインライト＝ 2：1 に変更。
- ●トップライトをやや後方から照射。
- ●レフ板を小さくした。
- ●背景紙を低くした。
- ●硯はトップライト 1 灯で照射。
- ●画角を 1/3 の大きさに変更。

**写真108** 改めて撮影した中世土師器と石硯

## 8. 栗山返信④

　グッと良くなっていますよ！

　特に硯は海の部分の剥離・ヒビ痕跡も見えるようになり，手前の破断面も境界が見え，遺物の状態が記録できています。中世土師器の方も質感が上がっているのがわかります。油煙痕跡もしっかり見えるようになっていますし。

　その上で，いくつかの改善できる部分を書き込んでみました（写真 109）。

　画角は遺存状況にもよりますが，硯なんかは今の倍くらいの大きさで撮影してもいいと思います。ただ，そうすると今のレンズでは奥の方のピントがかなりボケることになるので，アオリの使えるシステムに変えていく必要が出てきます。

　基本的な方向はいい具合に進んでいますので，遺物の個性に合わせたライティングをしていってあげてください。

**写真 109**　写真 108 の改善できる部分

## 立面単体撮影の成果まとめ（中山作成）

トップライト F16：メインライト F8
SS1/125, F16 で撮影

中山 62

レフは，遺物の大きさに合わせて選ぶ。
（大きすぎると，不要な部分にも光が補われる）

**写真 110** 撮影メモ　立面単体（杯）

低い遺物（蓋，皿）は，トップライトのみ
（奥に影が出る→立体感）

レフは，遺物の大きさに合わせて選ぶ。
（大きすぎると，不要な部分にも光が補われる）

トップライト F16
SS1/125, F16 で撮影

**写真 111** 撮影メモ　立面単体（皿）

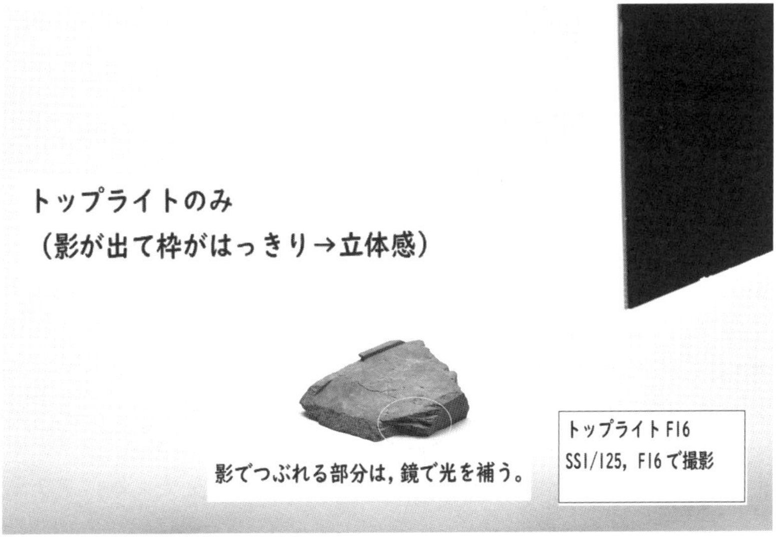

**トップライトのみ**
**（影が出て枠がはっきり→立体感）**

影でつぶれる部分は，鏡で光を補う。

トップライト F16
SS1/125, F16 で撮影

写真 112　撮影メモ　立面単体（硯）

## ③ 俯瞰単体撮影法を伝える

### 1. 中山往信⑤

俯瞰撮影を始めました。次の文献を参考にいたしました。

井上直夫 2011「基礎講座　遺物撮影の基礎　土器破片の俯瞰撮影を中心にして」『文化財写真研究』文化財写真技術研究会

シャッタースピード 1/125

メインライト絞 8.0，バックライト絞 16.0（入射光式露出計で計測）

**【撮影時に困ったこと】**

**①立体感が出ない**（写真 113）

備前焼口縁部（カード側から照射・上の方から照射）は，口縁部の下に影を作って，立体感を出したかったのですが，うまくいかず，凹凸の分からない写真になりました。横から照射もしてみましたが，立体感が出ませんでした。照射方向を変えるべきなのでしょうか。

貴研究所撮影の俯瞰写真では，丸瓦や土器の湾曲した部分に影が出ているので，影を作って立体感を出したいです。

**②土器片の両面（表裏）を撮影する場合，照射方向を変えないと質感が出ない**（写真 114）

両面撮影をする場合，表面は底部側から照射したら，裏側も底部側から照射すべきなのでしょうか。口縁部を真っすぐするために，口縁下に粘土を入れて傾け，底部側から照射して，表面を撮影しました。裏面は傾きが逆になるので，同じ方向から照射すると，土器片

**写真 113**　立体感が出なかった口縁部片

全体に影がかかって質感が表現できず，照射方向を逆（口縁部側から照射）にしました（土器を180°回転させました）。

　一つの遺物で，照射方向が変わるのはよくない気がするのですが，質感を出すためには変えてもよいのでしょうか。

③**磁器片が暗く写る**（写真115）

　模様を表現したいのですが，暗く写ってしまいます。レフ板を近づけても，あまり明るくできませんでした。メインライトを変えるべきでしょうか。

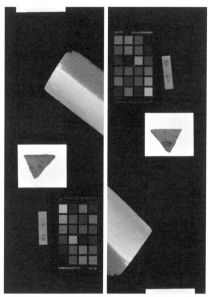

**写真 114**　土器片表裏撮影の照射方向と質感

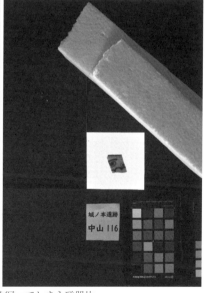

**写真 115**　表面が暗く写ってしまう磁器片

## 2．栗山返信⑤

　立面写真でお伝えしたことは，実は俯瞰撮影と共通する部分がかなりあります。考え方としては立面で立たせていた遺物達が，水平に寝かした状態になっただけと思うことです。遺物の特徴をライティングで表現する視点を持つことの重要性は，変わりません。

　その上で，前提として遺物の天地を決めることがスタートラインです。埋文に限らず文化財の写真は違和感を感じさせず，自然に遺物や遺構を記録することにあります。天地を決めた遺物に対して，天の部分からライト当ててあげること。なぜなら，地球は太陽光を受け，それは絶えず我々の頭上から届いています。仮に地面から光がくるなら，天でなく地から当てたほうが「自然」となるでしょうが，地球はそうではありません。下から当てたライトは「不自然」となりそれを人物に用いたら「幽霊・おばけ」になります。また，太陽が二つある星であったら2灯でライティングして影を二つつけることが「自然」となりますが，地球では「不自然」です。

　遺物文様の細部を写し取るとか顕微鏡写真のような特殊な用途であれば，そうした不自然も許容できる場合もあります。しかし，基本的な遺物撮影は天地を明確に記録し伝達することが大切です。

### ①備前焼口縁部の立体感（写真113）

　→壺甕類の口縁部片だと思いますが，天地逆でセッティングされています。

　カード側からライトを当てているとのことですが，それは遺物の天地でいえば底部＝地から当てています。180度回転させましょう。

　「影を作って立体感を出したいです。」この気持ちが大切です。

　そしてライトを適切な高さに設定して，口縁端部の玉縁部分の下に適度な影が落ちるようにしてあげましょう。適度な影は，立面撮影の時にもお伝えしたようにご自身が必要だと考える陰影がつく高さにライトを動かしましょう。その上で，きつくつきすぎた影は地側からのレフ板で弱めてあげましょう。モデル撮影とかで顔の下に銀色のレフ板を置いて撮影する場面をみたことはないでしょうか？　あれは太陽光がきつくて顔の下に影がつきすぎるのを，レフ板で和らげているからですが，それと似たことです。そう考えると，今回用いているレフ板も大きすぎることに気づくと思います。

### ②土器片の両面撮影 （写真 114）

　前述したように特別な意図がない限りは，底部からライトを当ててはいけません。あくまでも天側からライトを当てましょう。ただ，天側といっても真上からだけということではありません。太陽の動きをイメージしてみてください。

　東の空から高度を上げながら正午に頭上にきて西の空に沈んでいきます。つまり，上半分のどこかの場所であればいいわけです。その上半分のどこから当てれば遺物の文様や特徴を出せるか，角度と高さを変えて探してみることです。

　送っていただいたものは，地面から当てている時点で改善の余地がありません。それは写真 113 も同じです。「口縁部を真っすぐするために，口縁下に粘土を入れて傾け」までは，あっています。ただ，壺の頸部とかだと口縁部をまっすぐにしようとすれば，かなりの角度で立つことになって，俯瞰で見える範囲，見せる範囲がわずかになる場合があります。

　俯瞰撮影で何を見せるか？

　例えば弥生壺の肩部の簾状文を見せたいという意図で撮るなら，口縁部の水平を犠牲にして平面積を大きくとる置き方もアリだと，私は考えています。「一つの遺物で，照射方向が変わるのはよくない気がする」その通りです。図版として表裏展開で掲載するときに光源位置が左右になってしまうことを嫌う人がいますが，私は遺物の個性を写し撮るためであれば左右で当てることになってもいいと考えています。ただ，それが天地逆になるのは良くありません。そうして撮った遺物を仮にレイアウトしてみてください。どっちが天地か読み手を混乱させて，ざわついた気持ちにさせることになると思います。質感が現れるライトの位置をもう少し探してみましょう。

### ③磁器片が暗く写る

　「メインライト絞 8.0，バックライト絞 16.0」とありますが撮影するカメラの絞りはどれだけでしょうか？　メインと背景の光量差が 2 絞り分あるので背景が白く抜けています。これはうまくいっています。ただ，撮影の絞りが 11 とかだと光量が 1 絞り足らないことになって，遺物はアンダーに写ります。仮にカメラ設定の絞りが 8 であれば遺物に当たる光は露出計通りで適正露光になりますから，もう少し明るく写るはずです。

　土師器片は適度な明るさになっています。露出計の測り方，ライトの当たる位置に問題があるのもしれませんが，ともかく遺物に当たる光量が足らないので，光量を0.5絞り分ほど強くすればいいと思います。

　暗いからとレフ板を不用意に近づけると，せっかくメインライトで文様等の陰影を出したことが無駄になります。順光ベタ光状態になってしまいます。メインライトの照射位置があっているか，それでも暗くなるなら光量をアップする，あるいは近づけることで対処しましょう。

　レフ板は，メインライトでついた影を弱く補ってあげる補助光と考えてください。主光源の役割を担わすと太陽が2個状態になります。

　以上のようなところです。

　天地を守る。その上でライトの高さと角度を変えて，立面撮影で意識した陰影がつく場所を見つけ出しましょう。

## 3. 中山往信⑥

### ●備前焼口縁部の立体感（写真116）

　画像の左上方向から照射。「太陽の動きをイメージして」，メインライトの位置を変えて，撮影いたしました。先週より，立体感が出て，違和感（地から照射したときには，凹凸が逆に見えました）がなくなったように感じます。

　別の質問をさせてください。表面の調整（凹凸）を出したくて撮影しました（写真117）。

　底部を水平にしたのが左，水平ではなくそのまま置いたのが右です。水平にすると凹凸が表現しにくく，そのまま置いて撮りました。水平でない写真でも，掲載してもよいものでしょうか。

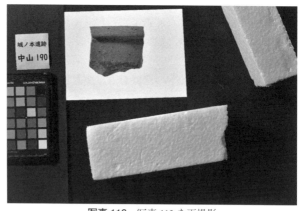

**写真116**　写真113を再撮影

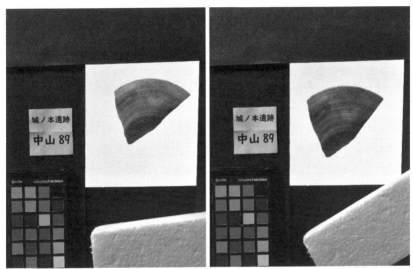

**写真 117** 底部外面の水平と凹凸表現

## 4. 栗山返信⑥

### ●備前焼口縁部の立体感（写真 116）

　中山さんが感じられているとおり，とても良くなっています。特に「凹凸が逆に見えました」が真逆に改善されている点が大切です。自然に見えるようにすることは埋蔵文化財撮影の第一歩であるとともに，今後も絶えず追い求めて欲しいことでもあります。それには撮影者である中山さん自身の目と心で気付くことが重要です。意識していってください。相談前のものと見比べると，胎土の砂粒やロクロナデで器壁を調整した痕跡もとらえることができています。

　破片資料だからちょっと手を抜いても，と思いたくなる時もあるかもしれませんが，完形の土器であっても表現すべきことは同じです。むしろ破片資料の方が遺存状態の制約もあって表現することが難しい場合もありますから，実測図を描くような目で，遺物を見てあげてください。

　別の質問について。

　この中世土師器片は口縁部から底部高台裏まで遺存したものです。栗山返信⑤「土器片の両面撮影」では，弥生土器壺の肩部文様を例として，必ずし

も口縁を水平にしなくてもいい場合があって良いと，私は考えていることをお伝えしました。ただし，それは文様を，主題として見せることを意図してのものです。あるいは屈曲の強い頸部片を器形にこだわってまっすぐ立てたとしても，俯瞰で見える範囲がわずかになる場合も同様です。

　やはりここも「俯瞰撮影で何を見せるか？」ということです。中世土師器の場合は，ロクロ成形であるか手づくね（非ロクロ）であるか。そしてロクロ成形の場合には，底部を切り離す際に回転糸切りか回転ヘラ切りかが，編年のポイントにもなります。であるならば，高台裏もきちんと俯瞰で見せてあげることがこの土器の持つ情報を伝える上で大切だと私は考えます。

　それぞれの画像に注記をしたものを添付（写真118）しますが，高台の段が見えて，高台裏の形状を見るためには水平においた写真の方がいいと思います（体部にヘラ描きがあったり，特殊な調整痕跡があるというなら別ですが）。その上で一工夫するとすれば，土器の下に消しゴムを置いて少し浮かせた上で，体部の凹凸を出すようにライティングを低めに当ててあげます。そうすると高台裏が暗くなりますので，もう一つ別のライトを高台裏だけに

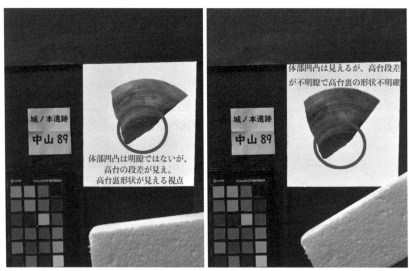

**写真118** 底部外面の視点

当ててあげるか，あるいは鏡を用いて裏面の痕跡が見えるように光を補ってあげましょう。そうすることで体部と高台の成形痕跡と，正しい形態の情報を表現することができると思います。

　小さな遺物なので光が拡散しがちですが，備前焼の口縁部でライティングをしてあげたような意識でチャレンジしてみてください。

## 5. 中山往信⑦

　本日の撮影写真と，教えていただきたいことをお送りさせていただきます。

### ①底部を水平にしました（写真119）

　器面の凹凸がまだ見えにくい気がします。でも，前回の水平写真よりは，よいでしょうか。

・底部はよく見えるようになりました。

・底部非水平→水平

・土器位置低い→重りに乗せて，位置を高く

・メインライト右奥→右横

　※器面の凹凸に対して，直角の位置にライトがある方が影が出やすいかと考えましたが，うまくいきませんでした。

・底部の暗さ→鏡で補いました

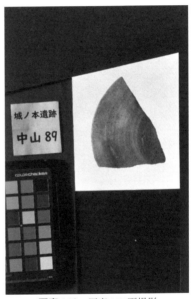

**写真119**　写真117再撮影

### ②口縁部の表現の仕方を教えてください（写真120）

　京都系土師器の破片です。口縁部を横に引っ張って，さらに上に延ばすような形状を表現したいです。立面撮影を考えたのですが，小さいし，破片だし，俯瞰で表現した方がよいかもと考えて，俯瞰で撮影しました。

　口縁部を地に対して水平に設置した（左）と，ページ上辺に対して水平に設置した（右）です。器形が表現できているのは左のように見えますが，こ

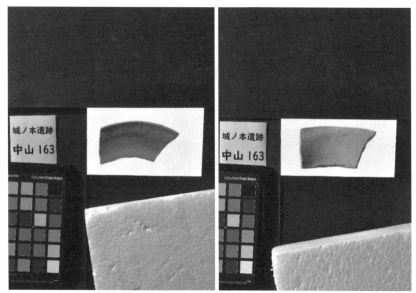

**写真 120** 口縁部の表現

のような撮り方はあまりよくないでしょうか。

### ③破片の傾きについて教えてください（写真 121）

　どの破片についても言えるのですが，口縁部をどれくらい持ち上げればよいか，いつも悩みます。前回，弥生土器の文様を例に，屈曲の強い場合は，口縁部の水平よりも表現したい部分を優先することをご指導いただき，本日の撮影では，口縁部を水平にまではしていませんが，やや持ち上げた状態で撮影しました。理由は，そのまま置くと歪みが気になり，水平まで持ち上げると写る部分が少なくなるので，その中間を取ったからです。気になったのは，次の2点です。

・中途半端な置き方だけど，これでよいのか。

・器面に調整や模様があるわけではないので，やはり，口縁部を水平にした方がよいのか。

### ④碁石の艶をもっと出せないか（写真 122）

　『飛鳥・藤原宮発掘調査報告V』の碁石の写真は，もっと光っている部分が大きくてツヤっとしています。

写真 121　破片の傾き

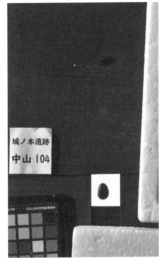

写真 122　碁石の艶

　この碁石は，本来こんな質感なのかとも思うのですが，ツヤ感の表現の仕方は，どのようにすればよいのでしょうか。

## 6.　栗山返信⑦

　意識しておいて欲しいのは，その写真で何を表現するかということです。これまでにもお伝えしたかもしれませんが，盲目的にルーティンワークとして撮るのではなく遺物一つ一つの個性を中山さんの目で見つけてあげて，それを明示するために遺物を動かし，ライティングをしてあげてください。実測図も同じですが，ご自身でこうだと解釈したことを表現することが大切です。もちろん最低限のルール（天地とか）はありますが，タイトルのつく，言い訳を必要としない写真を撮っていくこと。それが私の考える埋蔵文化財写真に対するスタンスです。

　その上で４つの写真をみていきます。

### ①底部を水平にしました（写真 119）

　俯瞰撮影として器形の見せ方は，これでいいと思います。また，底部外面も適度に視認できるようになりました。ところがメインライトの位置が体部

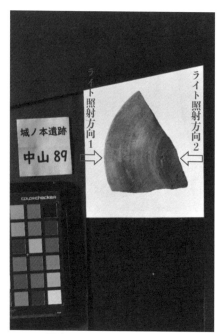

**写真 123** ライトの照射方向

外面の凹凸が出にくい位置になっています。土器が90度反時計回転になっているため，凹凸に対して光源からくる光が凹凸に沿って流れてしまっています。それ以前にこれだけ口縁部が残っているのですから，口縁は上に持ってくるべきです。その点では「前回撮影」の方が光源位置は正しいといえますし，外面の凹凸も出ています。

以前お伝えした遺物の下に何かをかませて位置を高くするように言ったのは，体部外面の凹凸を出しやすくする目的で光源位置を下げてライトを当てることができるようにと考えたからです。「再撮影」のように90度回転してしまうと外面の凹凸に対する陰影効果が減ってしまって，見えにくくなったわけです。ですので「前回撮影」の位置で底部を水平にして低めの位置から光を当ててあげればいいでしょう。

あるいはちょっと考え方を変えて，底部側からメインライトを当てることで体部外面の凹凸と底部外面を出すということも考えられます。写真123のようにライトの照射方向は2方向考えられますので，凹凸を出すには，あるいは逆に出さないにはどういう方向と高さと位置が適切か眺めてみてください。

②**口縁部の表現の仕方を教えてください**（写真120）

京都系土師器は口縁の引き出し方と口縁端部の丸め方が重要です。その点でいえば「口縁部を地に対して水平」でライティングした方が，よく見えます。ページ上辺に対して水平にした方も，光源の高さを変えることでもう少し近い状態にできそうですが，2枚の写真を見比べるなら，前者が京都系土

師器の特徴をとらえています。私はこれでいいと思います。

### ③破片の傾きについて教えてください（写真121）

お気付きのように中途半端になっています。特に体部で表現するものがないということで俯瞰写真を集合的に掲載するのなら，口縁は水平に揃えるという原則を守ればいいと思います。今回の土器片ですと口縁を水平にしつつも頸部の屈曲を出すようにしてあげることが大切だと思います。

前述の②③は，冒頭お伝えした写真で何を表現するかという意識に基づきます。基本として口縁を水平に揃えるという部分があって，でもそれでは表現しきれない時には，その基本からはみ出しましょうということです。

### ④碁石の艶をもっと出せないか（写真122）

これは光源を写しこむ面積が小さすぎることが原因です。一応光源のハイライトは入っていますが他の部分が真っ黒でレフが効いていません。光源が碁石に写り込む面積をカメラ位置からよく観察して探し出して，もっと大きくハイライトをいれて，それからレフ板を手にもって補ってあげましょう。

碁石は楕円形で曲面になっています。四角の発泡スチロールレフでは形状が合わないので，白い紙を切って丸く曲面を持たせたレフ，あるいはアルミホイルを湾曲させたりして丸みを表現してあげてください。明るくしすぎる必要はありませんが，存在が見えるようにしてあげることは必要です。

観察してみてください。カメラの位置から眺めて見るのがコツです。

## 7. 中山往信⑧

風炉を撮影いたしました。最初にお送りした立面写真より，立体感が出た気がします。ご指導いただきたい内容を添付資料に書き込みました。

写真124が器形の丸みが分かって，いい気がします。でも，右側が暗すぎるでしょうか。写真125は全体的に明るくしました。

今のカメラの高さでは，遺物全体が入りきらないので，横向きにしました（写真126）。口縁部に立体感がないような気がします。カメラを高くして，遺物を縦向きにして，メインライトを右奥から照射した方がよいでしょうか。

底面の穴を撮りたいです（写真127から129）。立面でカメラを低くして，撮るべきでしょうか。

写真124　瓦質風炉の俯瞰撮影1(レフなし。上の暗い部分のみ鏡で補う)

写真125　瓦質風炉の俯瞰撮影2(レフあり。上の暗い部分は鏡で補う)

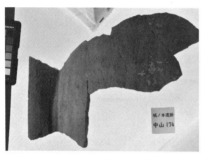

写真126　備前焼甕の俯瞰撮影（メインライトは真横（口縁部に直角）から照射）

写真127　土製五輪塔の俯瞰撮影（表面）

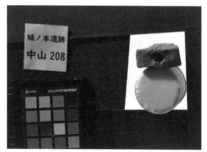

写真128　土製五輪塔の俯瞰撮影（裏面）

写真129　土製五輪塔の俯瞰撮影（底面）

## 8. 栗山返信⑧

瓦質風炉，備前甕，土製五輪塔の俯瞰写真を拝見しました。

### ①瓦質風炉（写真 124・125）

一番最初の立面写真時より，劇的に良くなっているのではないでしょうか。文様がよく見えるようになりましたし，器形の膨らみや質感も出るようになっています。良い方向です。2枚の写真を比べると中山さんが「いい気がします」といわれた写真 124 の方がコントラストもよく出ていると思います。特に体部上半の蓮弁文様の部分はこれでいいと思います。

ただ，レフをもう少し効かせて明るさを補ってあげた方がいい部分があります。「右側」を「暗すぎる」と感じられたようですが，最上部の口縁立ち上がり部分は写真 125 くらいの明るさが欲しいところです。また体部下半はメインライトからすると体部が張り出すことでより影になりやすいところですから，脚部の奥側も含めて重点的に明るさを補うべき場所になります。この時注意しないといけないのは，レフを効かせるのは体部下半のみで上部に光を当ててはいけません。口縁立ち上がりのところを鏡で補いながら，体部下半にも別の幅が広いレフ板で体部下半の曲線に沿うような形で光を当ててあげてください。その場合発泡スチロールだと可塑性がないので折れてしまいますが，のりパネを使えば丸みを持たせることもできます。そうした光を当てつつ，脚部上位の影が濃いところがあれば別の鏡レフでさらに補ってみたらいいと思います。

### ②備前焼甕（写真 126）

遺物全体が入らないので横向きで撮影したとのことですが，メインライトの光源位置を変えることができたのであれば，横向き，縦向きはどちらでも大丈夫です。天地を違えずにメインライト位置を決めてあげて，報告書掲載時などの際にそれを間違えなければ問題ありません。今回は口縁側から光を当てているということなので，大丈夫です。

「口縁部に立体感がないような気がします」ということですが，口縁部の高さと体部の膨らみによる高さの位置がかなり違って高低差があります。そこにメインライトを当てるとなると口縁部にはどうしても上方から照射することになるので限界があります。石膏復元して立面写真として撮ってあげることができたら，口縁から頸部にかけての屈曲を見せることができると思い

ます。俯瞰で撮るという条件でこの写真を改善するとするなら，体部で張り出している部分の右下，光源から最も遠くに離れて影になりやすい部分の明るさが不足気味に見えます。器壁の色調が濃いことも原因なので，大きめのレフで柔らかく明るさを補ってあげてもいいと思います。一方で頸部のところには画面に写り込んでいるレフが部分的に効きすぎています。光源位置と器形を考えると頸部には湾曲するように光を当てて少し明るさを補ってあげたいところです。

　前述したのりパネ等による丸みを持たせたレフで，明るさを補ってあげればいいと思います。風炉の体部下半と同じような考え方です。これだけ高低差のある遺物であれば現状の発泡スチロール直置きでなく，手で持つなりして空中でレフ板の適正位置を見つけるようにした方がいいでしょう。

③**土製五輪塔**（写真 127 から 129）

　表裏面を見比べると表面の方が良いですね。裏面は梵字だけをみるとクッキリ見えていますが，遺物としてみた場合に影が濃すぎてツブれてしまっています。表面の陰影でいいと思います。

　底面の穴については，穴があることを見せたいのか，穴の内部形状を見せたいのかで対処方法が変わってきます。穴があることだけなら，送っていただいたような黒い穴として表現すればいいです。内部もということになれば，光源をスポット光源にしてカメラ位置に近いところから追加して当ててあげる必要があると思います。鏡でどこまで対応できるかですが，穴の形状からは丸い鏡が必要です。

　また俯瞰で撮っていますが，遺物はこれで真っ直ぐ立っているのでしょうか？　文鎮にもたせかけているので，斜めになっているようにも見えます。小型のものなので，練り消し等を使えば自立させることができるように思います。できる限り立たせる補助小物は見せない方が良いので，まずは自立させる工夫が大切です。立面でトップライトと前方からメインライトを当てて穴の内部を見えるようにする撮り方も有だと思います。ただしその場合は底面全体の凹凸は失われていく方向のライティングになりますので，穴の見せ方の優先順位がポイントになります。

## 9. 中山往信⑨

撮り直しました。

前回より，凹凸が表現で
きたように感じます。また，
青磁片を撮りました。困っ
たことを書き込みました。

写真130の瓦質風炉の再
撮影では，土器を重りの上
に設置して高くしました。

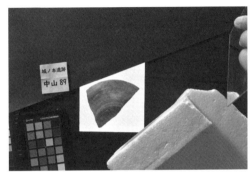

**写真130** 瓦質風炉の再撮影（メインライトは左奥か
ら照射。底部は鏡で光を補充）

外面の凹凸が前回より，よ
く見えるようになりまし
た。

写真131の青磁片では，陶磁器のツヤ感を出したいのですが，レフ板が写
り込むのが気になります。写り込む位置がよくないのでしょうか。

写真132上段は，見込みの模様は見えます。破線○は右側の方がよく見え
るので，こちらの方を使おうと考えています。

写真132下段は，メインライトが反射して，黒○の模様が見えなくなりま
した。メインライトの位置を変えると，白○の模様が見えなくなったので，
土器を回転させ高台が欠けている方をライト側にして，撮り直すつもりです。
ライトの高さを変えても，反射の仕方は変わりませんでした。ライトの反射
がなくなると，ツヤが出せなくなるので，よくないでしょうか。

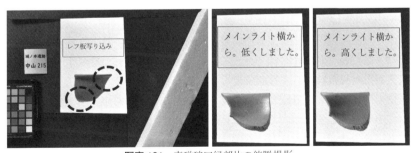

**写真131** 青磁碗口縁部片の俯瞰撮影

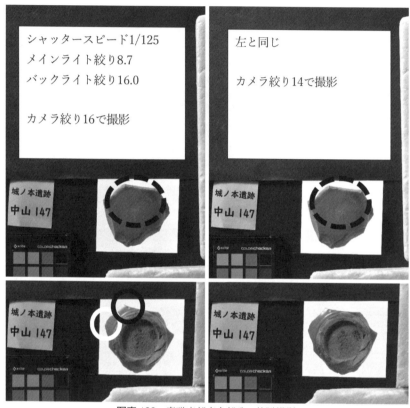

シャッタースピード1/125
メインライト絞り8.7
バックライト絞り16.0

カメラ絞り16で撮影

左と同じ

カメラ絞り14で撮影

城ノ本遺跡
中山 147

城ノ本遺跡
中山 147

城ノ本遺跡
中山 147

城ノ本遺跡
中山 147

**写真 132** 青磁底部高台部分の俯瞰撮影

## 10. 栗山返信⑨

　中世土師器の方は，体部外面の段が「前回再撮影」より良く見えるように
なりましたね。左上からメインライトを当てているとのことですが，右上に
変えたら布目痕跡のような調整痕も見えそうに思いました。俯瞰写真なので
レフの高さ位置を読み取りにくく違うのかもしれませんが，高台裏と体部に
レフの光を返しすぎているように見えます。この場合だと高台裏だけに返し
てあげるような位置と距離と高さでレフを調節してあげれば良いのですが，
ちょっと近くて大きすぎるのか高台の段差が見えにくくなっています。柱状
高台ではないと思いますが，かなり段差が低いものに見えました。「底部は，

鏡で光を補充」とのことですが，メインライトの位置と鏡の位置からは体部
の段差を打ち消すような方向を向いています。底部は発泡スチロールのある
場所で，レフを返すべきです。鏡レフは，この場合は光を回しすぎる効果を
もたらしているように思えます。

　このレベルになってくると，ライト周りの環境とレフ板の立体的な説明が
必要になってきますので，メールだけでは伝えきれないかもしれません。

　青磁片は，全般的な傾向としてアンダーライトから光が回り込んだフレア
写り込みと，メインライトの写し込みの問題です。まず，口縁のある青磁碗
（写真 131）の体部側で光っているのは，アンダーライトの写り込みですから，
この部分に近いところに黒い紙を遺物の輪郭に近いカーブで切って下からの
光が入ってこない位置に置いてください。中世土師器の底部の置き方のとこ
ろで，黒紙を近くに置いてどう変わるかの効果をお伝えしましたが，その応
用です。口縁直下の写り込みは右側に置いている発泡スチロールの大きいレ
フ板が意図せずに部分的に写り込んでいることによります。陶磁器の「ツヤ
感」を出す上でどこかにキラリと光るハイライトは必要です。しかしそれが
撮影者自身が「気になる」という状況は，好ましくありません。

　この青磁片の状態だと，レフ板はもう少し口縁部と平行させるような位置
に動かして，床に直置きするのではなく手で持って角度をつけてレフを効か
せる位置にすべきです。ツヤ感はメインライトの当て方でだせばいいです。
内面の口縁端部が白くトビ気味になっているのも，アンダーライトが写り込
んできているためなので，黒紙を口縁上側に寄せてみてください。そして体
部に写っているハイライトですが，横から低いものは不自然ですね。高い位
置からの方がいいと思いますが，これは真横から当てているので今度は側方
からの影が横に落ちています。天地は大切ですから，やはり口縁部側の上部
半円形のどこかから当てるようにしてあげた方がいいと思います。

　写真 132 の底部見込み部分の文様ですが，青磁や白磁は胎土を削って文様
を描いた上に釉薬をかけて描きます。したがって，ライティングによる凹凸
で文様を浮き出させるのは難しいということになります。絞り 16 と 14 で撮
り分けていますが，これも単に明るくしただけなのでライティングとしては
同じです。現像調整で濃度や色調にコントラストをつけることで，明瞭にす
ることができるでしょう。

　高台裏の写真も同じことですが，今度はメインライトの写り込みで器壁の文様が，とんでいる状態になっています。ライトの位置と角度の問題ですので，光源か遺物を動かして対処することになりますが，仮に現在の位置で撮らないといけないということであれば，まだできることはあります。メインライトの写り込みを低減させればいいのです。撮影環境がわからないので想像になりますが，ストロボの光源の前にディフュージョンフィルムを垂らしているのなら，その枚数を1枚追加したり，あるいは光源とフィルムの距離を近づけたり離したりしてください。近づけて面光源にするか離して点光源にするかしてから写り込むハイライトの大きさをコントロールしてください。また，どうしてもハイライトが強く出すぎる場合は，器壁に息をハーッと吹きかけて，少しだけ曇らせてからシャッターを切ってみてください。柔らかいハイライトの回り方をしてくれます。

　ライトの反射，ハイライトの存在はこうした陶磁器の質感につながるものです。でも程度問題でもあります。ツヤを出した方がいいと撮影者が判断するのであればそのようにしてあげるべきですし，どれくらいのツヤ感にするかもその人の認識によるものです。諦めた結果として不本意な撮影にするのではなくて，こうすべきであると思ったことは，表現したらいいと思います。

　高台裏の文様で思ったのは，このサイズの文様を明示する場合，報告書での掲載サイズも等倍以上でないと視認できない気がします。デジタルだとモニター上で拡大できるのでそのまま報告書でも見えると思いがちですが，実際の掲載サイズを踏まえると過剰な場合もあるので注意が必要です。この遺物片の場合は胎土や高台の削り方，釉薬の発色や厚みを記録して表現すべきだと思います。拡大掲載するわけでもない場合，この大きさの文様に関しては実測図に任せてもいいかと思います。

## 11．中山往信⑩

　一通り予定していた遺物を撮影いたしました。

　風炉の写真（写真133）をお送りいたします。曲げられるのりパネがなく，小さいレフ板を体部下半に当てました。改善点は，たくさんあるかと存じますが，今まで撮影した中では，最も，遺物の個性が伝わる写真になった気がします。

## 12. 栗山返信⑩

　風炉の写真を拝見しました。体部上半はこれで大丈夫です。表面のナデ調整痕も見えていますしバッチリです。ただ，下記の課題を写真134に書き込みました。

　「体部下半が全体にアンダー気味ですが，特に脚部近辺はメインライトが届かないので闇の中状態です。スチロールレフを手で持って浮かせて斜め上から当てた方がいいです。その光が体部下半にも影響を与えてくれるはずです。」

　もちろん現像で全体，部分の明るさを調整することはできるのですが，後処理は手間と時間を要するので，撮影時に対処できることはしておくに越したことはありません。

　今回の場合，体部下半の部分はまだ補正し易いのですが，脚部はほとんど光が届いていない状態になっているところもあります。曲げるのりパネがないとのこと。であれば，背景紙を切って丸みを持たせる方法もあります。また前回の備前甕のところでお伝えしましたが，脚部近くに置いている発泡スチロールレフを直置きにするのではなく，手で持って斜め上から角度をつけて光を返すことも試してみてもいいと思います。

　俯瞰写真になると2次元的なイメージになりがちですが，遺物の破片もまた立体物でありますので，レフは垂直に置くだけでなく角度をつけて3次元的なライティングを意識すればいいと思います。

**写真133**　写真127瓦質風炉の再撮影

**写真134**　写真133の課題点

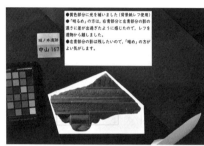

**写真 135** 写真 133 の再撮影
（※写真内の文字の「黄色部分」は大きい囲み枠を,「青部分」は小さい二つの囲み枠を指す）

## 13. 中山往信⑪

　風炉の再撮影をいたしました（写真 135）。左側「暗め」の写真の方がよい気がします。

【前回からの変更点】

●発泡スチロールレフ（直置き）→背景紙レフ（手持ち）

●脚部の影に重点的に光を補いました。

## 14. 栗山返信⑪

　「暗め」「明るめ」というのは,右青部分の脚部背後裾部の明暗を指していると考えて拝見しました。あるいは体部最下段の凸線部分のことでしょうか？

　いずれにしてもほぼ完成していると感じました。とてもいいと思います。

　脚部背後裾部の右青部分に関していえば,「明るめ」「暗め」の両者はほとんど差異がない明暗差になっています。それよりも体部下半の部分をみれば,「暗め」の方のレフの当て方でいいと思います。右青裾部に限れば「明るめ」の方くらいであっても問題ないと思います。左青部分について「影は残したい」とのことですが,意図があるのでしょうか。

　おそらくこのままだと,印刷すると「体部下半」が裾部に落ちている影部分は真っ黒に潰れます。写真 133 の発泡スチロールレフであたっていたくらいの明るさでいいと思いました。背景紙レフを右側からあてているようですが,左側の左青部分には何かレフの手当てをしてあげていますでしょうか？メインライトによる体部下半の影が落ちている部分に別スポットで,例えば

小さな鏡レフなどの手当てをしてあげてもいいです。あるいは，小さく切った背景紙や小さな発泡スチロールをレフにして潰れない程度の明るさに補ってあげればベストだと思います。

## 俯瞰単体撮影の成果まとめ（中山作成）

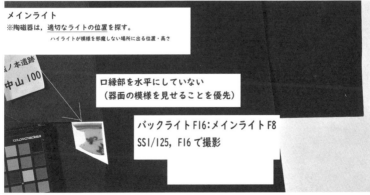

メインライトは，少し高さを上げる
（影が出る→玉縁が立体的）

城ノ本遺跡
中山190

影でつぶれる部分をレフで補う

バックライト F16：メインライト F8
SS1/125，F16 で撮影

**写真 136** 撮影メモ　俯瞰単体（備前甕口縁部）

メインライト
※陶磁器は，適切なライトの位置を探す。
ハイライトが模様を邪魔しない場所に出る位置・高さ

ノ本遺跡
中山100

口縁部を水平にしていない
（器面の模様を見せることを優先）

バックライト F16：メインライト F8
SS1/125，F16 で撮影

**写真 137** 撮影メモ　俯瞰単体（染付口縁部）

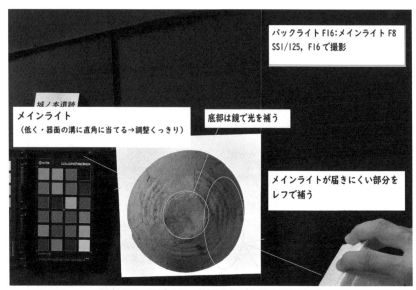

写真138　撮影メモ　俯瞰単体（中世土師器外面）

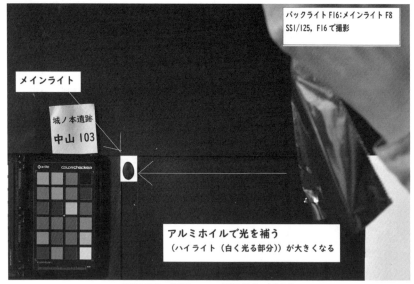

写真139　撮影メモ　俯瞰単体（碁石）

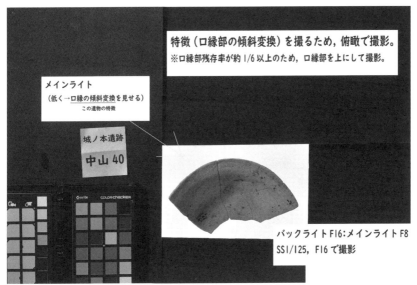

特徴（口縁部の傾斜変換）を撮るため，俯瞰で撮影。

※口縁部残存率が約1/6以上のため，口縁部を上にして撮影。

**メインライト**
（低く→口縁の傾斜変換を見せる）
この遺物の特徴

城ノ本遺跡
**中山 40**

バックライト F16：メインライト F8
SS1/125, F16 で撮影

**写真 140** 撮影メモ　俯瞰単体（京都系土師器内面）

※これらのほか，巻頭カラー口絵4「俯瞰単体写真（瓦質風炉）撮影メモ」
　も俯瞰単体撮影の成果である。

## ④ 立面集合撮影法を伝える

### 1. 中山往信⑫

　写真 143 のセットで，集合写真を撮ってみました。

　この写真では，レフを使っていません。配置に悩んで，時間切れになってしまいました。（硯の手前部分等，光を補います。）2 カット撮る予定です。

**①遺跡（城館跡）の性格が出る写真にしたい。**

　巻頭で，右ページに載せたいので，左に流れる配置にしました。

　（カラーチャートは，本番は外します。）

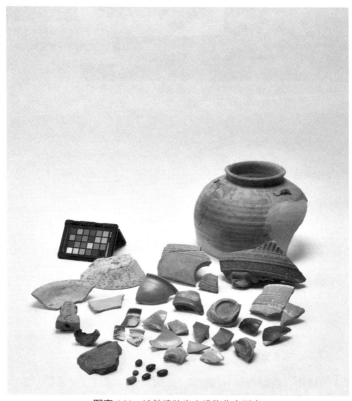

**写真 141**　城館遺跡出土遺物集合写真

**【困ったこと】**

●写真141か写真142のどちらか（できれば写真141）を縦で撮りたいのですが，低い遺物が多いので，縦長に配置できませんでした。縦画面で撮る方法がありますでしょうか。

●青磁と白磁は，大きい破片をピックアップして集合写真に入れたのですが，多すぎるような気がしてきました。数の多さを撮りたいわけではないので，もっと数を減らした方がよいのでしょうか。

**②土師質土器（一括遺物）の多さが伝わる写真にしたい。**

巻頭で，右ページに載せたいので，左に流れる配置にしました。

（土鍋が重なっているのは，直します。）

**【困ったこと】**

●できれば縦画面で撮りたいのですが，こちらも縦長に配置できませんでした。

●同じような大きさ，高さ，形の遺物の配置は，どうすればメリハリがつくのでしょうか。

**写真142** 土師質土器（一括遺物）集合写真

| トップ F16：メイン F8 (SS1/125) | 撮影台は，奥行きがなくて遺物が乗せきれないため，外しました。 |

**写真 143** 立面集合写真撮影セッティング

## 2. 栗山返信⑫

　立面集合写真は，単体立面写真を寄せ集めればできるものではないので，それなりの経験と知識とセンス，そして道具が必要になります。そのためには，カッコいいなと思う遺物集合写真を眺めて真似してみるのが近道にもなります。道具はその過程で必要に迫られて揃えていくことになります。でも，最も大切なのはその遺物を発掘して実測図を描いて調査をした結果，写真で何を伝えるか，表現するかという気持ちを持つかということです。そこが欠けていると，たとえうまく画角内で収まっていたとしても，「綺麗な写真だな」みたいなことで終わることになります。もちろん綺麗に撮れていることも大事なのですが。

　撮影された集合写真を拝見しました。

　ライトの光量や遺物同士の間隔の取り方などは，いい感じだと思います。特に写真141は1頁の1/2で横カット掲載するのにちょうどいいくらいの比率で収まっていると思います。それに比べると写真142は細長くなり過ぎていて，横位置で3段掲載するような縦横比になっています。1枚の写真としてみた時，左右のアキがなさ過ぎですね。

　個々の写真でみた時に気になったのは，

　写真141は，トップライトと青磁片の角度位置のために必要以上にハイライトが写り込んでいるものが散見される。天目と一石五輪塔の下に緑練り消しが見える。碁石と硯の影がキツくてでており輪郭が不明瞭になりがち。でも硯は背景紙の白が反射しているので，まだましです。

　写真142は，石膏部分がカメラと正対しているものが結構あるので目立つ。回転させてできるだけ目立たない位置に小面積で済むようにしたほうがいいです。あるいはもう少し似せた色を塗る。土鍋片の不用意な重なり。

　といったところです。

　でもそれらは撮影順序からいったら後半部分にあたるので，瑣末といえば瑣末なことです。問題なのは困ったこととして中山さんが書かれているように，縦カットの写真を撮りたいと考えているのに，横カットになっていることです。

　そこで送っていただいた撮影セッティング写真（写真143）が役に立ちます。

　今回の遺物達はこの撮影条件で遺物を置いているということで話を進めます。まず撮影台は奥行きがなくて遺物を載せきれないので外した，という判断は正解です。写真143では撮影台の手前が見切れているため，どれくらいの長さを持ったものかわからないのですが，正方形に近いものと推察します。それを外して床に背景紙を垂らすのはいいのですが，奥行きが全くありません。ここが最大の問題です。遺物を並べる場所の設定が，すでに横カットにしかならないような横長方形になってしまっています。もっと背景紙をカメラ側に引っ張り出してきて，縦長方形にするところから始めましょう。単体立面・俯瞰撮影の時にも伝えたかもしれませんが，カメラを通してではなく自分の目で見て縦カットになるスペースと置き方ができているか確認して，その後にカメラを覗くようにしてみてください。この背景紙の置き方で縦カットの写真を撮れる遺物は今回の遺物でいえば碁石と硯のセットくらいのスケール感です。

　それから背景紙の高さが撮影台設置時のままになっています。大きな人物埴輪を撮るようなセットになっています。この背景紙の高さだと俯瞰撮影でいえば巨大なレフ板を遺物のすぐ横に立てているのと同じ状態ですから，意図しない不必要な光がはね返ってきます。もっと低く下ろしましょう。そうした遺物以外の撮影スペースを縦カット用に変えた上で，遺物を置いてみてください。写真144にまとめてみました。

　遺物を配置するときの原則的なものがあるとすれば，奥に高さのある大きなもの，手前には低くて小さなものというものがありますが，それはできているので大丈夫です。写真142の中世土師器集合写真は，なかなかレベルが高いものになります。16世紀の高さが無くなっていく時期のものは，特に厄介です。でも撮影した写真を拝見すると，底部外面のロクロ痕跡を見せたり，（遺存状態の悪いもの？）を重ねて高さを確保し奥に置くなど変化をもたせていますから，そうした考え方で進めるのはとても良いことです。

　写真141で青磁と白磁が多すぎるような気がする，とのことですが，これに関しては私からは何も申し上げることができません。調査された方が必要な遺物であると考えるなら加えるべきですし，そうでないなら除くべきでしょう。数の多さを撮りたいわけではないということですが，ぱっと見たところ青磁でも龍泉窯と同安窯のものがあり染付に白磁，天目と多様なものが

**写真 144** 立面集合写真撮影セッティング改善点

出ていて城館遺跡の器種構成らしく見えます。写真 142 の中世土師器は一括で選別されていて時期も少し違うようですが，一連の性格を帯びる遺物であれば，その中から完形のものを写真 141 に追加してもいいように思います。

　あとは，縦カットにする上で裏技的なものがあるとすれば，カメラの位置を高くするというものがあります。高い位置から鳥瞰的に遺物を見れば縦に伸びたような視覚的効果を得られますが，これは諸刃の剣でもあります。壺類なら口縁部が，皿鉢類なら見込みの部分がやたらと見えるようになってしまうので，考古学的に重要視したい立面写真としての口縁の立ち上がりや器形のプロポーションが見えにくくなる視点になります。思っている以上に細長く奥行きをもたせて遺物を配置することが，縦カットの写真に仕上げていくコツです。そうするとピントの合う位置が厳しくなってきます。アオリ操作が必要になってきて，レンズやカメラが現有の機材では限界が出てきます。それは，まだ先のステップです。

備前焼の石こうが丸見えになるのが気になり，重ねました。色が似て
いるので，遺物の輪郭がはっきりしないように見えます。
明日は，風炉を手前に出して，重なる部分を少なくします。

背景紙を低くしました。

背景紙を引っ張り出して，
配置の奥行きに幅を持たせました。

もっとメリハリがつく遺物の配置がしたいです。
同じ大きさの破片が多いから，難しいでしょうか。

碁石の影にレフ（発泡スチロール）で光を補いました。

写真 145　写真 141 の再撮影

①まずは，遺物を置く場所を縦カットように整えること。

②次に目視で縦カットになることが見えるように遺物を置くこと。

③どの高さからみたら，遺物達が輝いてみえるかを目視すること。

④そしてカメラをセットして遺物の配置を調整していくこと。

この後に遺物の取捨や向きのことを行っていき，ライティングの調整に移ります。その時には単体立面や俯瞰撮影で見ていたように，遺物の表情を出すことを意識すればいいのです。集合ですからすべての表情を出してあげることは不可能ですが，ポイントとなるような重要な遺物を中心に最大公約数的なイメージでライティングをしてあげてください。

## 3. 中山往信⑬

写真141を再撮影いたしました（写真145）。配置に悩んで，考えていたよりもずっと時間がかかってしまいました。撮影時に気を付けた点やご指導いただきたいことを書き込みました。

## 4. 栗山返信⑬

前回は横カットでした。今回は，背景紙を引き出した効果もあって縦に近づいていますが，写真146を見ていただいたらわかるように正方形の画角です。

背景紙を引っ張り出して，
配置の奥行きに幅を持たせました。

**写真146** 写真145の正方形トリミング

縦でも横でも使えるので便利という見方もできますが，撮ろうとしている縦1頁にはたどり着いていません。そして，画角内にレフ板を持つ手やカラーチャートが写り込んでいます。前にお伝えしたかもしれませんが，立面単体と同じく1枚の写真だけで画角が完結するように撮影した方がいいです。チャートや写し込みは別カットにして，正副に続く3枚目のカットで撮ればいいのです。これまでの写真を見ていると，トリミング前提で撮っ

ているように思うのですが（俯瞰は別として），1枚の写真の中で画面構成をすべきです。

　使っている 35 フルサイズの画素を最大限に使ってこその記録写真ですし，そうすることで大きく引き伸ばしたり細部を拡大して使うことができるようにもなります。もちろん画面構成の中で余白はあっていいのですが，今回の集合写真を見ていると天側で半分くらい無駄になっています。ファインダーを覗くよりも前に，手で長方形の四角を作ってその中に縦カットで収まっているか確認すればいいのです。PC コントロールでのライブビュー確認時になってから遺物を動かすと，なかなか思ったような配置変更ができなかったりします。

　配置する遺物について前後関係を考えると，後ろに備前壺，手前に碁石という大小は確定的です。なので，その前後空間で縦カットになるように配置してから，内に収める遺物を埋めていった方がいいかもしれません。もっと遺物の間隔を詰めて，カメラが遺物に近づかないと縦カットにならないと思います。

　現時点ではそのようなところです。

## 5. 中山往信⑭

　カメラを近づけて，遺物の配置をし直しました（写真 147）。まだ，上の余白が広い気がしてきました。ご指摘をお願いいたします。

## 6. 栗山返信⑭

　縦カットになりましたね！

　天側の余白についてですが，フルサイズのデジタルカメラは 35 フィルムの寸法なので画角が 2：3 と横長です。大判フィルムとか「シノゴ」って聞いたことあるかと思いますが 4：5 の比率です。掲載する報告書の版面がどういう比率なのかによってくる部分がありますが，今回程度の縦横比だと大丈夫です。むしろ地側がギリギリすぎるので，カメラを下に振るなどして天側を狭めてもいいかと思います。今回のものをベースに 4：5 の比率で地に合わせると写真 148 左側のようになります。天地の余白が均等になります。このままだと天が窮屈になるので，天とそれに伴い左右の余白を作って整え

**写真147** 写真141の3回目撮影

**写真 148** 写真 147 を 4 : 5 のレイアウトに調整

たものが写真 148 右側です。これくらいの余白と天地左右でバランスがいい
と思います。

　そしてここから遺物の置き方とライティングになってきます。今回陶磁器
がありますが，青磁と白磁へのトップライトの写り込みが激しくなっていま
す（特に白磁）。遺物の向きと立て方で回避できる場合もありますが，トッ
プライトの位置と角度の問題でもあります。中世土師器の段も，ほとんど消
えていますね。トップライトをもう少し後方から斜めに当ててみたらいいと
思います。メインライトが邪魔しているように見えます。メインライトを切っ
てトップライトとレフ板だけで撮影してみて，配光を確認してみてください。
この遺物配置でいくなら，メインライトは右側前方サイド側から補ってあげ
るような形で当ててあげてもいいのではないでしょうか。そうすれば碁石と
硯にレフを当てる必要もなくなります。それにメインライトに近い位置にあ
る中世土師器の白トビ対策にもなります。試してみてください。

## 7. 中山往信⑮

　次の点，修正いたしました（写真 149）。

**写真 149** 写真 141 の 4 回目撮影

①天を狭める。
②トップライト（やや後方から），メインライトなし。
③レフ（右手前から），硯と土製五輪塔の影は鏡で光を補う。
④青磁片と白磁片の立て方の向きを変更（反射が小さくなるように）。
⑤遺物の配置を少し変えました。
　トップライトのみにすると，遺物一つ一つに立体感が出たように感じます。
特に，口縁部の破片はそう感じました。立面単体撮影でご指導いただいたこ
とが集合写真でも活きるのを実感しました。

## 8. 栗山返信⑮

　だいぶ良くなりましたね！
　メインライトの邪魔がなくなって，質感も上がっています。土製五輪塔を
少し起こしたので，梵字の視認性も上がっています。青磁の写り込みはもう
少しだけ工夫できそうです。ただ，手前のピントが外れすぎていますのでそ
れはいけません。絞るのに限界はありますが，さすがにアウトフォーカスす
ぎます。その辺メモしておきました（写真150）。

## 9. 中山往信⑯

　土師質土器の集合写真を撮りました（写真151）。この写真は，横で掲載
します。
　ご指摘をいただけますでしょうか。
　ss1/125，f16，トップライトのみ
●メインライトを点けて撮影をしてみましたが，この写真もトップライトの
　みの方が質感が出たので，トップライトのみで撮影します。
●天の余白が広すぎました。カメラを下に向けてみます。
●ピントは○の辺りに合わせました。
　「手前の皿にぴったり合ってはいないが，後ろもそれなりに合っている」
状態です。明日，もう少し手前に合わせて，f20で撮ってみます。

## 10. 栗山返信⑯

　最初に送っていただいたものに比べて，整理がついて格段に良くなってい

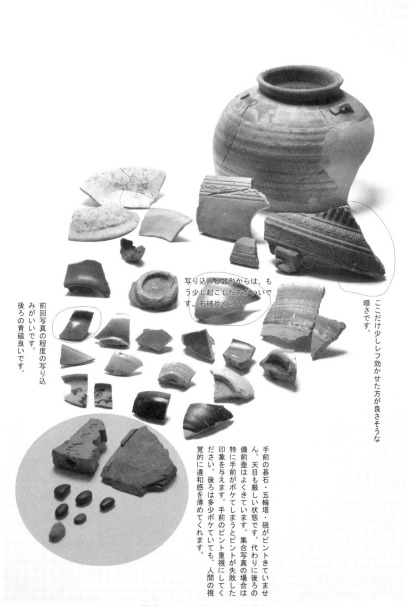

写り込みと器形からは、もう少し起こした方がいいです。右破片くらい

前回写真の程度の写り込みがいいです。
後ろの青磁良いです。

ここだけ少しレフ効かせた方が良さそうな暗さです。

手前の碁石・五輪塔・硯がピントきていません。天目も厳しい状態です。代わりに後ろの備前壺はよくきています。集合写真の場合は特に手前がボケてしまうとピントが失敗した印象を与えます。手前のピント重視にしてください。後ろは多少ボケていても、人間の視覚的に違和感を薄めてくれます。

**写真 150** 写真 149 の改善点

**写真 151** 写真 142 の再撮影

ると思います。例えばロクロ糸切りの様子や穿孔など前回のものでは見えず認識できませんでした。それに中世土師器の要点でもある内面の段もこの状態なら見えます。ピント位置については f18 くらいで良さそうです。もう少しだけ前にもってくれば大丈夫です。

　配置についてですが，この扇形の配置でいくなら一番手前の小型の皿の中軸を通した方がいいでしょう。少し左にずれています。天のアキは改善させるとして，左右の余白はもう少し広くとるようにした方がいいかもしれません。まだ遺物配置が横長傾向です。レイアウト枠にもよりますが，標準的な縦横比でいくと，写真 152 のように天地に対して左右が見切れるくらいになります。もう少し引いて撮ったり，余白を付け足したりはできるのですが。

　この器種にトップライト 1 灯後ろ気味から当てると，どうしても手前に影が強く落ちてきて，その部分が濃くうるさくなってきます。右側の積み重ねた部分に鏡を当てているように，手前の 3 つの皿の影を少し弱めるために低いレフを影だけに返してあげても良いと思います。

**写真 152** 写真 151 の遺物レイアウトの検討

## 11. 中山往信⑰

撮り直しました（写真 153）。

ピントが前回より，よく合いました。

● ss1/125，f18。

● 先頭の皿を中央に配置し直しました（京都系土師器，追加しました）。

● 余白を修正（左右を増，天を減）。

● レフ（発泡スチロール）で手前の皿の影に光を補足。

## 12. 栗山返信⑰

ピントはこれでいいと思います。やはり f18 は必要ですね。余白もこれくらいでいいと思います。レフも発泡スチロールだけでいいと思いますが，レフ位置左に寄りすぎてないでしょうか？　真ん中に置くかあるいは左右2箇

**写真 153**　写真 142 の 3 回目撮影

所に振り分けて，もう少し低くするか遺物側に角度を倒して影だけを狙えば
いいと思います。真ん中の土師器皿は，これでもまだ左に寄っています。モ
ニターでグリッドを表示させて確認してみてください。

　それから露出が，オーバーの域に入っています。前回のもので適正ギリギ
リのところでしたが，今回のものは京都系の白かわらけも入ってきています
から，余計にオーバー側にいかないように注意が必要です。

　トップライトの位置が真上気味になりつつあるからか，内面の段も前回よ
り明るくなりすぎてトビそうなところが出てきています。トップライトの位
置をもう少し後方から斜めからにしても良さそうです。明るさだけ落とした
ものを添付（写真 154）しますが，遺物の明度はこれくらいのものではない
でしょうか。

## 13.　中山往信⑱

　ご指導いただいた点を次のように，撮影に反映させました（写真 155）。
●レフ位置左に寄りすぎ→左右に振り分け

**写真 154** 写真 153 の明るさを補正

**写真 155** 写真 142 の 4 回目撮影（完成）

●真ん中の土師皿左に寄りすぎ→グリッドの中央に配置
●トップライト位置→斜め後方へ移動
●露出オーバー気味→f20 で撮影

　本日で，撮影を終えることとなりました。まだまだ改善すべきところが多くあるとは存じますが，時間の許す限り，ご指導いただいたことを実践できました。遺物にとって適切なライティングを判断することや，集合写真の遺物の配置は，まだ身についていないと感じています。

　この約 2 ヶ月，栗山さんからご指導いただき，遺物の質感や特徴が何か，それをどうしたら写真に撮れるのかを考えたり，ご指導内容を反映させて再撮影を行ったりするときに，現在の職場で勤務するようになってから，一番「埋蔵文化財の仕事をしている」と実感しました。とても，充実した時間でした。

## 14．栗山返信⑱

　良くなりましたね。

　これなら大丈夫。

　お疲れ様でした。

　このように仕上げた写真が報告書として印刷する際，劣化させることなく掲載させられるか。ここが報告書研修の成果の見せどころです。いい図版に仕上げてください。楽しみにしています。

　こちらこそ勉強させていただき有難うございました。

　研修のように面とむかってレクチャーするのと違って，文字とそれを補足する図示で説明し，それを理解してもらうにはどのようにすればいいのか考える機会を持つことができました。一方通行にならずに済んだのは，中山さんがきちんと改善する方向性や意図を理解してくださって，意欲的に再撮影にも取り組んでくださったおかげです。私が今後していくべきことの足がかりにもなる経験をさせてもらったと思っています。

　ありがとうございました。

## ⑤ 後日談

### 1. 中山往信⑲ （お手紙にて）

（中略）

　撮影前はわくわくしていましたが，撮った写真を見て「何か違う。どこを変えればよいのか。どういう写真がよい写真なのかわからない。」と悩み，栗山さんにご連絡させていただきました。

（中略）

　撮影をとおして，よい写真を撮るには，遺物の特徴（見せるべきところ）を理解することと，それを写真に写し出せるライティングや配置が必要だと教えていただきました。瓦質の風炉の撮影では，レフ板を曲げたり，鏡を使ったりして，一つの遺物でも部分ごとに異なる方法で光を補うことを教えていただき，私が考えていたよりずっと細かい配慮が必要なことに驚きました。

　集合写真の撮影では，遺物を縦の配置にするのが難しかったです。初めに自分で配置したときは，縦にならないのは低い遺物が多いからなのではと考えましたが，ご指導いただき縦になった配置を見て，こんなに奥行きを使って配置するものなのかと驚きました。また，トップライト1灯での撮影方法を教えていただき，皿の内面奥に影が出たのを見て，立体感が出たと嬉しく感じました。ご指導いただいたことを今後に活かせるようメモを作りました。同封いたします。

### 2. 栗山返信⑲

　城ノ本遺跡の発掘調査から報告書作成おつかれさまでした。（中略）真に必要に迫られないと技術は身につかないと私は考えているので，今回の写真撮影だけでなく3次元計測図化も中山さんの今後にとってプラスにしかならないと思います。

　「何か違う」と感じることは，かなり重要なことだと思います。そしてそのことに気がついて，行動に移せる中山さんの素養は素敵なことです。多分考古の業界で一番必要な能力ではないでしょうか。

　これまでの埋蔵文化財に関する経験と見方に，写真撮影の技術と使い方を

混合させるのが私なりのスタイルなのですが，中山さんにお伝えしていることが果たして正解なのかどうかは，わかりません。でも共感を覚えていただけたのなら，それは一つのやり方として正解なことでもあるのかな，と確認しながらのやりとりでした。作成いただいた'撮影メモ'（口絵4・5・6，写真110から112，写真136から140）から，中山さんの遺物撮影に対する軸足が定まったと感じました。「何か違う」ことを感じるための基準が定まったと思いますので，ここをスタートにして，私の言っていることが何か違うなと思ったら変えていってください。見る目があれば，見当違いの方向に進むことはありません。

　自分で発掘担当した調査であれば最善を尽くしたいと思うでしょうし，より良いものにするためのお手伝いをできることは，私にとっても有り難いことです。報告書として印刷製本されてどうなるかという関門がありますし，研修でお伝えしたようにそこからどうしていくかということでもあります。楽しみにしています。

----

　以上，後日往信では，一連のやりとりを通じて作成したメモや文章などを保存することにしたこと。さらに'宝物ができました'という過分なお言葉をいただいた。筆者の感覚では，次から次へと投げ込まれる直球を打ち損じないようにするのに精一杯だった印象なのであるが，打ち返した内容にそれほどの価値を感じていただけるのならハンドブックにこそ相応しいかもしれないと思い，ここに採録した次第である。貴重な機会を持ち込んでいただいた中山さんには，御礼を申し上げておきたい。

# あとがき

　埋蔵文化財写真の担い手の大半は，Ⅲ章冒頭で記したように写真の専門的な教育を受けていない方々である。発掘調査で必要とされるから，現場で先輩から口伝も交えて教わるというパターンが多い。中には写真のセミプロのような方もいるが，都道府県単位でみても１人か２人いるかどうかといったところである。この点筆者も同じ出自を持つ者といえるが，興味を持つと傾倒してしまう性分も影響して，文化財行政で写真を活かした活動をすることにのめり込んでしまった。一人職場の町役場から社会人生活をスタートしたこともあって，埋文以外の仕事をする機会も多く，埋文写真が関わりそうな幅広い業務を経験することができた。おそらくこうした複眼的な観点を持ちながら話題を提供できようという点のみで，この本をまとめる話が転がり込んできたものと思われる。

　本書は，私が 2010 年に写真技師として奈文研に転がり込んで以降，『考古学ジャーナル』や『文化財写真研究』などの場に思いついたことや経験したことを求められるままに記してきたもので，それらを再構成して加筆修正を加えたものである。したがって，写真技術論としては未熟なことも含まれており，今後も精進していく必要があることは承知している。しかし，その時々の自分の能力に基づきながら推量し披瀝してきたことをまとめたのは，多様なスキルレベルが混在する埋蔵文化財調査仲間の写真技術向上に‘共感’という形で資する部分があるかもしれないと考えたからである。

　写真のデジタル化の有り様を踏まえると，本書で記した内容には現在進行形的な側面があることは否めないのだが，写真技術の根幹に当たる部分は変わらないはずである。そういう思いを込めて内容を取捨選択した。改めて読み返すと，埋蔵文化財から切り込む写真技術の世界は，様々な歴史的な事象と関わり，その時々の学術的・技術的な課題と向き合いながら今に至っていることを感じる。

　本書の刊行にあたっては，私が前職で近世大名墓所調査を担当したことで立正大学特別栄誉教授の坂詰秀一先生に関心を寄せていただき，その後写真技師の立場としても『考古学ジャーナル』に寄稿させてもらったご縁が大きい。『文化財写真研究』Vol.4（2013）の巻頭言をお引き受けいただいた際には，鳥居龍蔵博士と写真の関わりを示唆する論文をご紹介いただいた。これはと，

刮目する思いで関係資料を集めて自分なりにまとめてみた成果の一つが，本書のI章にあたる。私は学恩には鈍感なほうだと思っているが，坂詰先生のお導きに関してはこの言葉を感じずにはいられない。改めまして御礼を申し上げます。

　写真技師という仕事について，全く無知であった自分に刺激ときっかけを与え，惜しみなく技術を伝授してくださった大先輩の牛嶋茂さん・井上直夫さんには感謝するばかりです。それから日々の業務を通じてお世話になっている奈文研写真室の皆さま，中でも部屋の先輩技師として先頭に立って道を照らしている中村一郎さんにも御礼を申し上げます。

　また，本書の内容については考古学的な見地からみて齟齬をきたすものでないか，あるいは文章表現等に支障がないか，奈文研飛鳥藤原地区の一部の研究員さんには半ば強制的に一読いただいている。なかでも結構な頻度で目を通していただいた森川実さん，森先一貴さん（現東京大学），松永悦枝さん（現文化庁）に謝意を申し上げたい。とりわけ本書の形にまとめるにあたり，草稿段階で通読するという迷惑な作業を引き受けていただいた松永さんの適切な修正指示とコメントは得難いものでした。重ねて感謝申し上げます。

　最後に遅れる入稿に対して根気強く時間を与えていただいたニューサイエンス社編集部の福田ゆめ子さんと豊田知行さん，角谷裕通さんには，心より謝意を表します。

　いい調査をして，いい写真を遺す。

　どうか本書が皆さまの共感を得てお役に立ちますように。


2023 年 9 月


　　　　　　　　　　　　　　　　　　　　　栗 山　雅 夫

〔著者略歴〕

栗山 雅夫（くりやま まさお）

1974 年　和歌山県生まれ
1996 年　天理大学歴史文化学科考古学専攻卒業（1 期生）
1996 年　富山県福岡町教育委員会
2005 年　富山県高岡市教育委員会（合併）
2010 年より独立行政法人国立文化財機構　奈良文化財研究所　企画調整部写真室

考古調査ハンドブック㉓
# 埋蔵文化財と写真技術

令和5年9月25日　初版発行
〈図版の転載を禁ず〉

当社は,その理由の如何に係わらず,本書掲載の記事(図版・写真等を含む)について,当社の許諾なしにコピー機による複写,他の印刷物への転載等,複写・転載に係わる一切の行為,並びに翻訳,デジタルデータ化等を行うことを禁じます。無断でこれらの行為を行いますと損害賠償の対象となります。
　また,本書のコピー,スキャン,デジタル化等の無断複製は著作権法上での例外を除き禁じられています。本書を代行業者等の第三者に依頼してスキャンやデジタル化することは,たとえ個人や家庭内での利用であっても一切認められておりません。

連絡先：ニューサイエンス社　著作・出版権管理室
Tel. 03(5720)1162

JCOPY 〈(社)出版者著作権管理機構 委託出版物〉
　本書の無断複写は著作権法上での例外を除き禁じられています。複写される場合は,そのつど事前に,(社)出版者著作権管理機構(電話:03-5244-5088,FAX:03-5244-5089,e-mail:info@jcopy.or.jp)の許諾を得てください。

著　者　栗　山　雅　夫
発行者　福　田　久　子
発行所　株式会社 ニューサイエンス社

〒153-0051　東京都目黒区上目黒3-17-8
電話03(5720)1163　振替00160-9-21977
http://www.hokuryukan-ns.co.jp/
e-mail：hk-ns2@hokuryukan-ns.co.jp

印刷・製本　大盛印刷株式会社

© 2023 New Science Co.
ISBN978-4-8216-0536-1 C3021